JN040957

時代	人物	文化
飛鳥時代	**聖徳太子** ▶十七条の憲法と, 冠位十二階を制定	仏教文化 飛鳥文化
奈良時代	**聖武天皇** 東大寺・大仏をつくる	仏教のえいきょうを受けた貴族文化 天平文化
奈良時代	**行基** 大仏づくりに協力	天平文化
奈良時代	**鑑真** 唐から来日し仏教を広めた	天平文化
平安時代	**藤原道長** ▶貴族による政治の全盛	日本風の文化 国風文化
平安時代	**平清盛** ▶武士で最初の太政大臣	国風文化
鎌倉時代	**源頼朝** ▶鎌倉幕府を開く	そぼくで力強い文化 鎌倉文化
鎌倉時代	 **源義経** ▶頼朝を助け平氏を打ちやぶる	鎌倉文化
室町時代	**足利義満** ▶室町幕府第3代将軍 金閣を建立	

時代	人物
室町時代	**足利義〔　〕** ▶銀閣を建〔　〕 書院造
室町時代	**雪舟** ▶すみ絵〔　〕
室町時代	フランシスコ〔　〕 ▶キリスト〔　〕
安土桃山時代	 **織田信〔　〕** ▶楽市・楽〔　〕 長篠の戦〔　〕
安土桃山時代	**豊臣秀〔　〕** ▶全国を統〔　〕 検地・刀〔　〕
江戸時代	**徳川家〔　〕** ▶関ヶ原の〔　〕 江戸幕府〔　〕
江戸時代	 **徳川家〔　〕** ▶江戸幕府〔　〕 参勤交代
江戸時代	**近松門〔　〕** ▶歌舞伎や〔　〕
江戸時代	**本居宣〔　〕** ▶国学を大〔　〕 「古事記伝〔　〕

義政 立

水墨画を大成

ザビエル
教を日本に布教

信長
で鉄砲を使った戦術

吉
守

康
戦いに勝利
を開く

光
第3代将軍
鎖国を制度化

左衛門
浄瑠璃の脚本を執筆

長
を執筆

武家文化と公家文化がゆうごう
室町文化

ごうかでゆうだいな文化
桃山文化

上方（関西）の町人中心の文化
江戸時代の文化

江戸時代

杉田玄白
▶「解体新書」を出版

伊能忠敬
▶日本地図を完成

ペリー
▶日米和親条約を結ぶ

江戸の町人中心の文化
江戸時代の文化

明治時代

西郷隆盛
▶明治維新の功労者
西南戦争をおこした

大久保利通
▶明治政府の中心人物
廃藩置県

木戸孝允
▶明治政府の中心人物
五箇条の御誓文

福沢諭吉
▶「学問のすゝめ」を執筆

板垣退助
▶自由党を結成
自由民権運動を進める

陸奥宗光
▶領事裁判権の撤廃

欧米の文化→文明開化
明治時代の文化

学ぶ人は、
変えて
ゆく人だ。

目の前にある問題はもちろん、

人生の問いや、社会の課題を自ら見つけ、

挑み続けるために、人は学ぶ。

「学び」で、少しずつ世界は変えてゆける。

いつでも、どこでも、誰でも、

学ぶことができる世の中へ。

旺文社

このドリルの特長と使い方

このドリルは、「苦手をつくらない」ことを目的としたドリルです。単元ごとに「大事なことがらを理解するページ」と「問題を解くことをくりかえし練習するページ」をもうけて、段階的に問題の解き方を学ぶことができます。

① 理解

大事なことがらを理解するページで、穴埋め形式で学習するようになっています。

!覚えよう! 必ず覚える必要のあることがらや用語です。

★考えよう★ 資料の読みとりなどです。

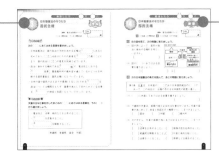

② 練習

「理解」で学習したことを身につけるために、問題を解くことをくりかえし練習するページです。「理解」で学習したことを思い出しながら問題を解いていきましょう。

少し難しい問題には

◇チャレンジ◇ がついています。

③ **まとめ** 単元の内容をとおして学べるまとめのページです。

もくじ

社会情勢の変化により、掲載内容に違いが生じる事柄があります。弊社ホームページ『知っておきたい時事ニュース』をご確認ください。
https://service.obunsha.co.jp/tokuten/jiji_news/

編集協力／株式会社 アイ・イー・オー　有限会社 マイプラン　校正／株式会社 東京出版サービスセンター　株式会社 友人社　名木田朋幸　山本綾
装丁デザイン／株式会社 しろいろ　装丁イラスト／おおの麻里　本文デザイン／ハイ制作室 大滝奈緒子　本文イラスト／米原伸宜　西村博子　浅野マリヤ

6年生 達成表　社会名人への道！

ドリルが終わったら，番号のところに日付と点数を書いて，グラフをかこう。
80点を超えたら合格だ！　10，22，34，44，56，76，82，92は全問正解で合格だよ！

	日付	点数	50点	合格ライン 80点	100点	合格 チェック
例	4/2	90				○
1						
2						
3						
4						
5						
6						
7						
8						
9						
10			全問正解で合格！			
11						
12						
13						
14						
15						
16						
17						
18						
19						
20						
21						
22			全問正解で合格！			
23						

	日付	点数	50点	合格ライン 80点	100点	合格 チェック
24						
25						
26						
27						
28						
29						
30						
31						
32						
33						
34			全問正解で合格！			
35						
36						
37						
38						
39						
40						
41						
42						
43						
44			全問正解で合格！			
45						
46						
47						

▶ この表がうまったら，合格の数をかぞえて右に書こう。

80〜92個	➡	りっぱな社会名人だ！
50〜79個	➡	もう少し！　社会名人見習いレベルだ！
0〜49個	➡	がんばろう！　一歩一歩，社会名人をめざしていこう！

合格の数

こ

	日付	点数		50点	合格ライン 80点	100点	合格 チェック
48							
49							
50							
51							
52							
53							
54							
55							
56		全問正解で合格！					
57							
58							
59							
60							
61							
62							
63							
64							
65							
66							
67							
68							
69							
70							
71							

	日付	点数		50点	合格ライン 80点	100点	合格 チェック
72							
73							
74							
75							
76		全問正解で合格！					
77							
78							
79							
80							
81							
82		全問正解で合格！					
83							
84							
85							
86							
87							
88							
89							
90							
91							
92		全問正解で合格！					

1 日本国憲法のなりたち
日本国憲法

理解

▶▶▶ 答えは別冊1ページ　点数

①～⑥：1問15点　⑦～⑧：1問5点

点

！覚えよう！

次の□□□にあてはまる言葉を書きましょう。

・都道府県や市（区）町村ごとに定めている，その地域（ちいき）で守るべききま

　りを① □□□といい，すべて，国や国民生活の基本を定めた

　② □□□□にもとづいています。

・② □には，三つの原則があります。③ □□□の尊重（そんちょう），

　④ □□□主権（しゅけん），⑤ □□□主義です。

・③ □とは，人が生まれながらにしてもっている権利（けんり）を尊重すると

　いうことです。

・④ □とは，国の政治のあり方を最終的に決めるのは，国民である

　ということです。

・⑤ □とは，二度と⑥ □□□をしないということです。

★考えよう★

右の絵を見て，次の□□□にあてはまる言葉を書きましょう。

・絵のように，すべての人にとって使いやすい形や機

　能を考えたデザインを，⑦ □□□□デ

　ザインといいます。

・たとえば，絵にあるシャンプーの容器は，もともと

　は⑧ □□□が不自由な人のために，リンスの容器

　と区別できるように側面にギザギザをつけました。しかし，⑧ □

　が不自由でない人にとっても，便利です。

日本国憲法のなりたち

日本国憲法

▶▶▶ 答えは別冊1ページ

1 1つ20点　2 全部できて20点

---

1 次の問題に答えましょう。

(1) 次の文の（　　）の中から，正しい方を選んで○で囲みましょう。

　　すべての人にとって使いやすい形や機能を考えたデザインを，

（ バリアフリー　ユニバーサル ）デザインといいます。たとえ

ば，（ ねじ止めされた電池のふた　壁（かべ）についた手すり ）や

（ もちやすい形のペン　文字が小さな本 ）などがそれにあたり

ます。

(2) 都道府県や市(区)町村ごとに定めている，その地域（ちいき）で守るべきき

まりを何といいますか。正しいもの1つに，○をつけましょう。

（　　）憲法（けんぽう）　　　（　　）条例

（　　）法律（ほうりつ）　　　（　　）条約

2 左の日本国憲法の三つの原則と，右の説明を正しく組み合わせて，
線で結びましょう。

基本的人権（じんけん）の尊重（そんちょう）・　　・国の政治のあり方を最終的に決めるのは，
　　　　　　　　　　　　国民であるということ。

平和主義　　　　・　　・人が人間として当然もっている権利は認（みと）
　　　　　　　　　　　められなければならないということ。

国民主権　　　　・　　・二度と戦争をしないということ。

③ 日本国憲法のなりたち
国民主権

▶▶▶　答えは別冊1ページ　　点数

①〜⑥：1問10点　⑦〜⑧：1問20点

点

！覚えよう！

次の◻にあてはまる言葉を書きましょう。

・日本国憲法は，国の政治の方針を決める主権は①◻にあると
定めており，①は自分たちの代表者を②◻で選ぶことに
より，国の政治に①の意見を反映させています。

・政治に参加する権利である③◻権や，憲法改正における
④◻投票，最高裁判所の裁判官が適しているかどうかを判
断する国民審査は，国民主権にもとづいています。

・日本の国や国民のまとまりの象徴(しるし)とされる⑤◻は，
政治については権限をもたず，国事行為として定められている仕事
を，⑥◻の助言と承認にもとづいて行っています。

★考えよう★

天皇の主な仕事を示したまとめの◻にあてはまる言葉を，下の〔　〕
から選びましょう。

・憲法改正，法律，条約などを公布すること。
・⑦◻を召集すること。
・⑧◻を解散すること。

〔衆議院　参議院　国会　内閣〕

4 日本国憲法のなりたち
国民主権

練習

▶▶▶ 答えは別冊1ページ

★点数★

1 (1)10点 (2)1問20点　2 (1)(2)10点　(3)1つ10点

点

1 右の図を見て，次の問題に答えましょう。

(1) 図の⑦によって，国民が政治に参加する権利(けんり)を何といいますか。
（　　　　　　　）

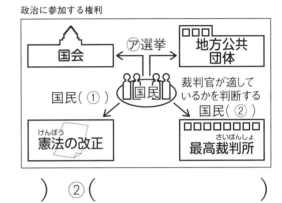

政治に参加する権利

国会　←⑦選挙→　地方公共団体

国民（①）　国民（国民）

国民（②）　裁判官が適しているかを判断する

憲法(けんぽう)の改正　最高裁判所(さいばんしょ)

(2) 図の（　）にあてはまる言葉を書きましょう。

①（　　　　　）　②（　　　　　　　　）

2 次の日本国憲法の条文を読んで，あとの問題に答えましょう。

第1条　天皇(てんのう)は，日本国の（　　）であり日本国民統合の（　　）であって，この地位は，主権(しゅけん)の存(そん)する日本国民の総意(そうい)に基(もとづ)く。

(1) （　　）に共通してあてはまる言葉を書きましょう。
（　　　　　　　　　）

(2) 下線部の天皇は，国事行為(こくじこうい)とよばれる仕事を行います。天皇の国事行為に対して，助言と承認(しょうにん)を行う機関1つに，◯をつけましょう。
（　　）国会　　　（　　）内閣(ないかく)　　　（　　）裁判所

(3) 次の中から，天皇の国事行為にあてはまるもの3つに，◯をつけましょう。
（　　）法律(ほうりつ)を公布すること。　（　　）国務大臣を任命すること。
（　　）衆議院(しゅうぎいん)を解散すること。（　　）外国と条約を結ぶこと。
（　　）法律をつくること。　　　（　　）勲章(くんしょう)などを授与(じゅよ)すること。

5

日本国憲法のなりたち
基本的人権の尊重

▶▶▶ 答えは別冊2ページ

①〜⑩：1問10点

！覚えよう！

次の□□□にあてはまる言葉を書きましょう。

・人が人間として当然もっている権利（けんり）を ① □□□□□□ とい

います。日本国憲法（けんぽう）では ① □ の尊重（そんちょう）が，基本原則の一つです。

・日本国憲法では，国民にさまざまな権利を保障（ほしょう）するとともに，

国民が果たすべき義務を定めています。子どもに ② □□□□□ を受け

させる義務，仕事について ③ □□□□ 義務，④ □□□□ を納（おさ）める義

務の三つです。

★ 考えよう ★

日本国憲法が保障する権利をまとめた次の表の，□□□□にあてはまる言
葉を書きましょう。

個人の尊重，法の下（もと）の ⑤ □□□□	健康で文化的な生活を営む権利 … ⑥ □□□ 権	
思想や ⑦ □□□□，信教の自由	言論（げんろん）や集会の自由	居住や移転，職業を選ぶ自由
教育を受ける権利	裁判（さいばん）を受ける権利	仕事について ⑧ □□□□ 権利
働く人が ⑨ □□□□ する権利	政治に参加する権利 … ⑩ □□□ 権	

8

日本国憲法のなりたち

基本的人権の尊重

▶▶▶ 答えは別冊2ページ

1 1問10点 2 1つ10点

点数

点

 次のそれぞれのポスターと，それが反している日本国憲法が保障する国民の権利を，線で結びましょう。

(1)

(2)

(3)

・

働く人が団結する
権利

・

個人の尊重，
法の下の平等

・

思想や学問，信教
の自由

2 次の文の（　　）の中から，正しい方を選んで○で囲みましょう。

人が人間として当然もっている権利のことを，

（ 国民主権　基本的人権 ）といいます。日本国憲法が保障する，国民に認められた権利の中で，健康で文化的な生活を営む権利を

（ 生存　参政 ）権といいます。また，仕事について（ 遊ぶ　働く ）権利や（ 納税する　教育を受ける ）権利，居住や移転，

（ 学校　職業 ）を選ぶ自由なども，日本国憲法で保障された権利です。

一方，日本国憲法には，国民が守るべき義務も定められています。

（ 税金を納める　団結する ）義務，子どもに（ 裁判　教育 ）を受けさせる義務，仕事について働く義務の三つです。

9

日本国憲法のなりたち
平和主義

▶▶▶ 答えは別冊2ページ

点数 ｜ 点

①～⑦：1問10点　⑧～⑨：1問15点

！覚えよう！

次の [　] にあてはまる言葉を書きましょう。

・過去の戦争を反省し，二度と戦争を行わないという日本国憲法の基本原則を，① [　] 主義といいます。

・このことは，日本国憲法の② [　] と第9条に記されています。

・日本ではかつて，広島と③ [　] に原爆を落とされた経験から，核兵器に対して，「核兵器を④ [　] ない，⑤ [　] ない，⑥ [　] ない」という⑦ [　] 三原則を定めています。

★ 考えよう ★

平和主義を示した次のまとめの [　] にあてはまる言葉を，下の〔　〕から選びましょう。

日本国憲法第9条（要約）

> 　日本国民は，正義と秩序にたつ国際平和を心から願い求めて，⑧ [　] や武力を用いることは，国々の間の争いを解決する手段としては，永久にこれを放棄する。
> 　この目的を達するため，陸海空軍その他の⑨ [　] はもたない。国の交戦権は認めない。

〔戦力　平和　原爆　戦争〕

8 日本国憲法のなりたち
平和主義

練習

▶▶▶ 答えは別冊2ページ

★点数★
点

1 (1)1つ20点 (2)20点　2 (1)10点 (2)1つ10点

1 次の文を読んで，あとの問題に答えましょう。

日本国民は，正義と秩序（ちつじょ）にたつ国際平和を心から願い求めて，戦争や武力を用いることは，国々の間の争いを解決する手段（しゅだん）としては，永久にこれを放棄（ほうき）する。

この目的を達するため，陸海空軍その他の戦力はもたない。国の交戦権（こうせんけん）は認（みと）めない。

(1) これは，日本国憲法（けんぽう）の条文を要約したものです。第何条ですか。また，この条文がうたっている日本国憲法の基本原則を，何といいますか。

（第　　　条）　　基本原則（　　　　　　　　　）

(2) 太平洋（たいへいよう）戦争のときに，原爆（げんばく）を落とされた日本の都市は，長崎（ながさき）とどこですか。

（　　　　　　　　　　）

2 非核三原則（ひかくさんげんそく）について，次の問題に答えましょう。

(1) 非核三原則とは，どこがかかげていることですか。正しい方に○をつけましょう。

（　　）日本の政府　　　　（　　）世界中の国々

(2) 次の中から，非核三原則にあてはまるもの3つに，○をつけましょう。

（　　）核兵器（かくへいき）をもたない。　（　　）核兵器を宣伝（せんでん）しない。

（　　）核兵器を売らない。　　（　　）核兵器をつくらない。

（　　）核兵器をもち出さない。（　　）核兵器をもちこませない。

9 日本国憲法のなりたちのまとめ

▶▶▶ 答えは別冊3ページ

点数

点

1 (1)1問20点 (2)(3)1問10点 (4)1つ10点

1 次の①～③は，日本国憲法の三つの基本原則です。これを読んで，あとの問題に答えましょう。

①二度と戦争はしないということ。

②人が人間として当然もっている権利（けんり）はだれもが保障（ほしょう）されなければならないということ。

③国の政治のあり方を最終的に決めるのは，国民であるということ。

(1) ①～③の原則を，それぞれ何といいますか。

①（　　　　　　　）　②（　　　　　　　　　　　　）

③（　　　　　　）

(2) ①に関連して，日本の政府が「核兵器（かくへいき）を，もたない，つくらない，もちこませない。」と定めている原則を，何といいますか。

（　　　　　　　　　　　）

(3) ②について，日本国憲法で保障（ほしょう）されている，健康で文化的な生活を営む権利を何といいますか。

（　　　　　　　　　　　）

(4) ③の内容としてあてはまるものを，次から2つ選びましょう。

⑦　国会議員を選ぶ選挙に参加すること。

⑦　内閣（ないかく）総理大臣を国民が選ぶこと。

⑦　衆議院（しゅうぎいん）を解散すること。

⑦　最高裁判所（さいばんしょ）の裁判官の国民審査（しんさ）をすること。

（　　　）（　　　）

ことばの「じゅず」つなぎパズル

▶▶▶ 答えは別冊3ページ

ヒントを参考にして，上の言葉の一文字が，次の言葉とつながるように，語群から漢字を選んで完成させよう。
あまった文字を組み合わせると，どんな言葉ができるかな？

〈例題〉A｜国｜会｜

B｜国｜民｜投｜票｜

C｜国｜民｜審｜査｜

ヒント
A. 天皇が召集する「○会」
B. 憲法改正における「国○投票」
C. 最高裁判所の裁判官を「国○審査」

〈語群〉
文　国　前　民

→で結ばれた1字が下の言葉の一部に引き継がれるよ！

できた言葉
憲法の｜前｜文｜

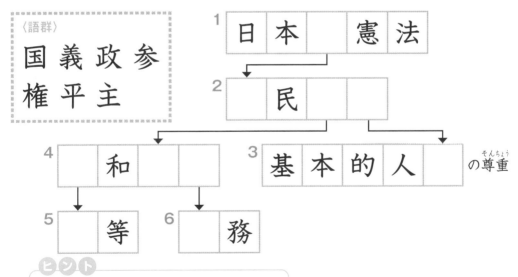

〈語群〉
国　義　政　参
権　平　主

1｜日本｜　｜憲｜法｜

2｜　｜民｜　｜

4｜　｜和｜　｜　｜

3｜基｜本｜的｜人｜　｜の尊重

5｜　｜等｜　｜

6｜　｜務｜

ヒント
1. 日本の憲法。
2. 日本の憲法の三つの原則の一つ。
3. 日本の憲法の三つの原則の一つ。
4. 日本の憲法の三つの原則の一つ。
5. 法の下の…？
6. 税金を納める…？

できた言葉
｜　｜　｜権｜

わたしたちのくらしと政治
国会の働き

▶▶▶　答えは別冊3ページ

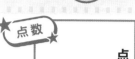
点数

①〜④:1問10点　⑤〜⑨:1問12点

点

！覚えよう！

次の　　　にあてはまる言葉や数字を書きましょう。

・①　　　　　は，②　　　　　　と参議院とで成り立っていて，国の政治の方針を，話し合いや多数決で決定しています。

・①　議員は，③　　　オ以上の国民による④　　　　で選ばれます。

★ 考えよう ★

国会の働きを示した次のまとめの　　　にあてはまる言葉を，下の〔　　〕から選びましょう。

・⑤　　　総理大臣を選ぶ。

・☆⑤　　　を信任しないことを決める。

・国の⑥　　　を，話し合って決める。

・国の⑦　　　をつくる。

・外国と結ぶ⑧　　　を承認する。

・裁判官を裁く⑨　　　　　をつくる。

☆は，衆議院だけに認められていて，参議院には認められていない。

〔弾劾裁判所　予算　内閣　条約　法律〕

わたしたちのくらしと政治
国会の働き

▶▶▶ 答えは別冊3ページ

★点数★

点

1 (1)1問20点 (2)(3)1問10点 **2** 1つ10点

1 次の図を見て，あとの問題に答えましょう。

国の政治と国民の関係

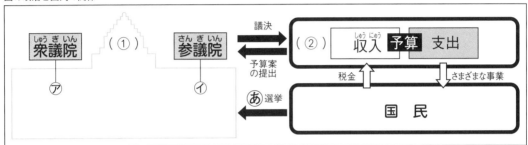

(1) 図の（ ）にあてはまる言葉を書きましょう。

①（　　　　　　　　　） ②（　　　　　　　　　）

(2) 図の⑦と④のうち，内閣を信任しないことを決めることができる
のはどちらですか。

（　　　）

(3) 図の㋐で投票できるのはどちらですか。正しい方に◯をつけま
しょう。

（　　　）18才以上の国民　　　（　　　）25才以上の国民

2 国会の働きについて，正しいものには◯を，まちがっているものに
は×をつけましょう。

（　　　）内閣総理大臣を選ぶ。

（　　　）国の予算案をつくる。

（　　　）国の法律をつくる。

（　　　）外国と条約を結ぶ。

わたしたちのくらしと政治
内閣と裁判所の働き

理解

▶▶▶ 答えは別冊4ページ

点数 ★

①～⑩：1問10点

点

！覚えよう！

次の □ にあてはまる言葉や数字を書きましょう。

・国会で決定した予算や法律(ほうりつ)にもとづいて，① [　　] が国の仕事を
進めます。

・内閣(ないかく)の長を ② [　　] といい，首相ともよばれます。

・内閣の下(もと)には教育に関する実際の仕事をする ③ [　　] 省，
財政や予算について実際の仕事をする ④ [　　] 省，皇室(こうしつ)に関する
仕事をする ⑤ [　　] 庁(ちょう) などの省や庁があります。

・裁判所(さいばんしょ)では，争いごとや犯罪(はんざい)が起きたとき，憲法(けんぽう)や ⑥ [　　] にも
とづいて問題を解決し，国民の権利(けんり)を守る仕事をしています。

・裁判を受ける権利は，すべての国民に認(みと)められた権利であり，国民
は，判決の内容に不服がある場合は，⑦ [　　] 回 まで裁判を受け
られるしくみになっています。

★ 考えよう ★

次の図の □ にあてはまる言葉を書きましょう。

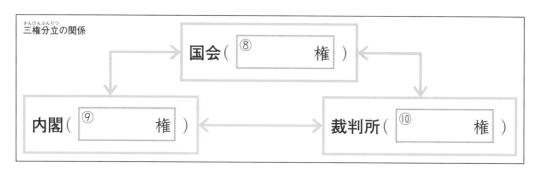

三権分立(さんけんぶんりつ)の関係

国会（⑧ [　　] 権 ）

内閣（⑨ [　　] 権 ）　←→　裁判所（⑩ [　　] 権 ）

わたしたちのくらしと政治
内閣と裁判所の働き

▶▶▶ 答えは別冊4ページ

★点数★

点

1 全部できて30点　**2** (1)1つ10点　(2)全部できて20点　(3)1問10点

1 左の省や庁の名前と，右の説明を正しく組み合わせて，線で結びましょう。

文部科学省・　　　　　・皇室に関する仕事をする。

宮内庁　　・　　　　　・国土の整備や交通に関する仕事をする。

国土交通省・　　　　　・教育や文化などに関する仕事をする。

◆チャレンジ◆

2 国会・内閣・裁判所について，次の問題に答えましょう。

(1) 次の文の（　　）の中から，正しい方を選んで○で囲みましょう。

国会・内閣・裁判所はそれぞれ，国会には（ **立法　司法** ）権が，

内閣には（ **立法　行政** ）権が，裁判所には（ **行政　司法** ）権が

認められて，おたがいに監視しながら，仕事を分担しています。

これは，一つの機関に権力が集中するのを防ぐためです。

(2) 左の権力の名前と，右の説明を正しく組み合わせて，線で結びましょう。

行政権・　　　　・裁判を行う権力

司法権・　　　　・国の仕事を行う権力

(3) 次の文の下線部を，正しい言葉や数字になおしましょう。

①内閣の長を，国務大臣といいます。　（　　　　　　　　）

②国民は，裁判の判決の内容に不服がある場合は，2回まで裁判を
　受けることができます。　　　　　（　　　　　　　　）

15 わたしたちのくらしと政治
市役所・市議会の働き

▶▶▶ 答えは別冊4ページ　 点数

①～③：1問20点　④～⑦：1問10点

点

！覚えよう！

次の□□□□にあてはまる言葉を書きましょう。

・住民の声を受けて，住民のためのさまざまな仕事を実行するための

計画を作成したり，議会で決定したことを実行したりする機関を

①市[　　　　]といいます。町や村では，一般的に②[　　　　]とい

います。

・子育てに関する施設（しせつ）をつくるといった市の取り組みは，国の

③[　　　　]や方針（ほうしん）にもとづいて，多くの人々の願いを聞きながら進

められています。

★考えよう★

次の図の中から，あとの□□□□にあてはまる言葉を選びましょう。

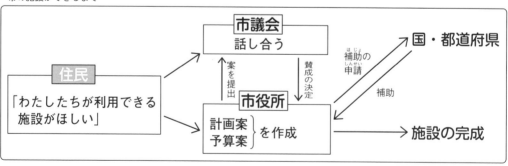

市の施設ができるまで

・④[　　　　]の願いは，市役所や⑤[　　　　　　　]に提出されます。

・市役所では，④[　　]の願いをもとに，⑥[　　　　]案や予算案を作成

します。また，⑦[　　　　]や都道府県に補助の申請もします。

わたしたちのくらしと政治
市役所・市議会の働き

▶▶▶ 答えは別冊4ページ

1 (1)(2)1問15点 (3)1つ20点　2 1つ10点

1 右の図を見て，次の問題に答えましょう。

(1) 住民が請願や傍聴できる機関はどこですか。

（　　　　　）

(2) 1つの市だけでは実現できないことについて国や関係省庁に出すものは何ですか。

（　　　　　）

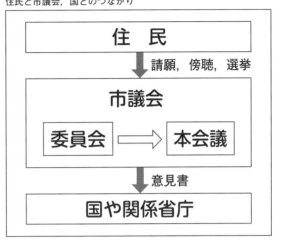

住民と市議会，国とのつながり

(3) 住民から選挙によって選ばれる役職を2つ書きましょう。

（　　　　　）
（　　　　　）

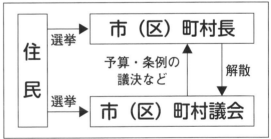

住民と市(区)町村長，市(区)町村議会とのかかわり

◇ チャレンジ ◇

2 市の公共施設ができるまでについて，市役所の仕事には1を，市議会の仕事には2を，どちらの仕事でもないものには3を書きましょう。

（　　）住民の願いをかなえるため，施設をつくるのに必要な予算案を作成する。

（　　）住民の願いの内容や予算案，計画案を話し合い，施設をつくるかどうかを決定する。

（　　）申請された補助が必要かどうかを話し合い，必要であれば補助をする。

17 わたしたちのくらしと政治
税金の働き

理解

▶▶▶ 答えは別冊5ページ

点数

①〜④：1問15点　　⑤〜⑧：1問10点

点

！覚えよう！

次の　　　にあてはまる言葉を書きましょう。

・市（区）町村や都道府県では，住民や会社から ① 　　　　を集めて，

② 　　　　的な事業を行っています。

・会社から給料をもらったり，商売をしてお金をかせいだりしたとき
には，税金を納（おさ）めなくてはいけません。また，買い物のときにはら
う③ 　　　　税も税金なので，わたしたちもふだんから税金を納め
ているといえます。

・市（区）町村や都道府県が集めた税金の使い方は，住民の代表が集ま
る④ 　　　　の話し合いで決定されます。

★考えよう★

右の絵を参考にして，税金がどのように使われているか，次の　　　に
あてはまる言葉を書きましょう。

・⑤ 　　　　な生活を守るために，

⑥ 　　　　や消防の仕事に使われて

います。

・市立など公立の学校や⑦ 　　　　など

の⑧ 　　　　施設（しせつ）の整備に使われてい

ます。

わたしたちのくらしと政治
税金の働き

練習

▶▶▶ 答えは別冊5ページ

点数

1 (1)30点 (2)20点 **2** 1つ10点

点

1 右の図を見て，次の問題に答えましょう。

(1) 奈良市の収入のうち，最も多いのは何ですか。

（　　　　　　　　　　）

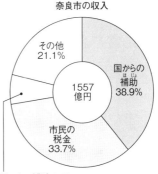

奈良市の収入

その他 21.1%

国からの補助 38.9%

1557億円

市民の税金 33.7%

県からの補助 6.3%

(2022年)(奈良市資料)

(2) 奈良市の収入の使い方は，どのように決定されますか。正しい方に○をつけましょう。

（　　）市長が，自分の意見で決定する。

（　　）市議会で話し合って，決定する。

2 税金について，次の問題に答えましょう。

(1) 税金について正しいものには○を，まちがっているものには×をつけましょう。

（　　）税金を納めることは，国民としての義務である。

（　　）税金は，会社で働いていれば，会社がすべて納めているので，負担する必要はない。

（　　）税金は，公共施設の建設にも使われている。

（　　）税金は，警察や消防といった，わたしたちの生活を守る仕事にも使われている。

(2) 次の文の（　　）の中から，正しい方を選んで○で囲みましょう。

わたしたちは，買い物のたびに（ **消費税**　**関税** ）という税金を納めています。

19 わたしたちのくらしと政治
災害の対策

理解

▶▶▶ 答えは別冊5ページ

①～④：1問15点　　⑤～⑧：1問10点

点数 ★

点

！覚えよう！

次の□□□にあてはまる言葉を書きましょう。

・地震や台風による大きな ① [　　　　] が起きた場合，被災した町や市だけでなく，都道府県や ② [　　　　] も協力して復旧へ取り組みます。

・市や町では，① [　　] が起きると，③ [　　　　　　] 本部を設置して，被害状況の確認を急ぎます。また，自宅を失ったり，自宅にもどれない人が共同でくらす，④ [　　　　　] を開設します。

★考えよう★

2011年に宮城県沖を震源として発生した東日本大震災を例に，次の□□□にあてはまる言葉を，〔市，県，国〕から選んで書きましょう。

・自衛隊に派遣要請を行い，災害救助法を適用して，必要な物資を被災地へ送ったのは，⑤ [　　　] でした。

・⑥ [　　] もまた，必要な物資を被災地へ送りました。さらに，被災者の救助や復旧工事のために，特別な予算を立てたり，他国への救助要請を行ったりしました。

・⑦ [　　] は，被災した住民を安全な場所へ避難させるとともに，必要となる物資などの応援を，⑧ [　　　] や周辺の市に要請しました。

わたしたちのくらしと政治
災害の対策

▶▶▶　答えは別冊5ページ

1 (1)1問20点　(2)1つ10点

点数

点

1 次の資料を見て，あとの問題に答えましょう。

大きな災害が発生したときの政治の動き

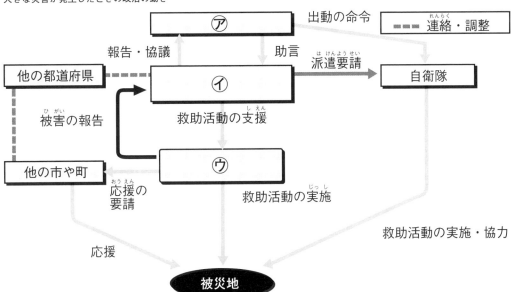

(1) 図の㋐〜㋒にあてはまるものを，あとの◻◻から1つずつ選びましょう。

　　㋐(　　　　　　　　) 　㋑(　　　　　　　　)

　　㋒(　　　　　　　　) 　| 市(区)町村　都道府県　国 |

(2) 次の仕事は図の㋐〜㋒のどれが行いますか。(　　)に記号を書きましょう。

　　(　　)自衛隊へ派遣要請をする。

　　(　　)他の市や町へ応援を要請する。

　　(　　)復旧工事のために，特別な予算を立てる。

　　(　　)被害状況を確認し，報告する。

21 わたしたちのくらしと政治のまとめ

▶▶▶ 答えは別冊6ページ　★点数★ 　　　　点

1 1つ10点　**2** (1)1つ15点　(2)(3)1問15点

1 地方の政治について，正しいものには◯を，まちがっているものには×をつけましょう。

（　　）市議会では予算案を作成して，市役所に提出し，市役所で話し合いが行われる。

（　　）市の収入は，どの市でも国からの補助金がもっとも多い割合をしめている。

（　　）会社から給料をもらっている人も，自分で商売をしている人も，どちらも税金を負担しなければならない。

（　　）市民が納めた税金は，その市の住民のくらしのために使われている。

2 国会・内閣・裁判所について，次の問題に答えましょう。

(1) 国会は，2つの議院から成り立っています。それぞれの名前を書きましょう。

（　　　　　　　　　）

（　　　　　　　　　）

(2) 内閣の長である内閣総理大臣（首相）を指名する機関を何といいますか。

（　　　　　　　　　）

(3) 裁判を受ける権利について，正しい方に◯をつけましょう。

（　　）裁判は，税金を納めている人だけが受けることができる。

（　　）裁判は，すべての国民が受けることができる。

わたしたちのくらしと政治のまとめ

22

「ことば」の発見パズル

▶▶▶ 答えは別冊6ページ

☆ ☆ ☆ ☆ ☆ ☆ ☆ ☆ ☆ ☆ ☆ ☆ ☆

> 日本の政治のしくみについての用語を見つけてみよう。

ヒント

- 国会では内閣の長である「内閣 ？ 」を選びます。
- 国会は参議院と「 ？ 」とで成り立っています。
- 国会はお金の使い道である「 ？ 」を決めます。
- 国会は外国と結んだ「 ？ 」を承認します。
- 国会のもつ権限は「 ？ 権」です。
- 裁判所がもつ権限は「 ？ 権」です。
- 内閣がもつ権限は「 ？ 権」です。
- 財政についての仕事をする省庁は「 ？ 」です。

右から左に
読んでも
いいよ。

ろ	は	に	ん	さ	よ	う	ら
ぎ	じ	じ	つ	な	ふ	よ	そ
ひ	よ	ゆ	わ	ね	り	し	う
ぬ	う	う	し	ほ	つ	む	り
た	や	ち	せ	ほ	ぽ	い	だ
め	く	の	へ	い	う	ざ	い
も	に	む	を	さ	わ	み	じ
し	ゅ	う	ぎ	い	ん	よ	ん

下から上に
読んでも
ななめに
読んでも
いいよ。

23 縄文のむらから古墳のくにへ
縄文時代と弥生時代の生活

理解

▶▶▶ 答えは別冊6ページ

点数

①～④:1問15点　⑤～⑧:1問10点

点

！覚えよう！

次の □ にあてはまる言葉を書きましょう。

・今から約5500年前の人々が使っていた，表面に縄目の文様がついている土器を ①〔　　　〕土器 といい，この土器が使われた時代を ②〔　　　〕時代 といいます。

・今から約2400年前の人々が使っていた，かたくてうすい土器を ③〔　　　〕土器 といい，この土器が使われた時代を ④〔　　　〕時代 といいます。

★考えよう★

右の絵を見て，次の □ にあてはまる言葉を書きましょう。

・絵⑦の🅐は，当時の人々が住んでいた ⑤〔　　　〕住居 とよばれる住居です。

・絵⑦には，米づくりの様子がえがかれているので，⑥〔　　　〕時代 の様子を表しています。

・青森県にある ⑦〔　　　〕遺跡 は絵⑦の時代の遺跡です。

・福岡県にある板付遺跡や佐賀県にある ⑧〔　　　〕遺跡 は絵⑦の時代の遺跡です。集落に堀やさくの跡があることから，むらとむらが食料などをめぐって争っていたことがわかっています。

縄文のむらから古墳のくにへ
縄文時代と弥生時代の生活

練習

▶▶▶ 答えは別冊7ページ

1 (1)1問15点 (2)15点　2 1つ10点

1 右の地図を見て，次の問題に答えましょう。

(1) 地図の⑦〜⑦にある，今から2000年以上前の遺跡を，それぞれ何といいますか。

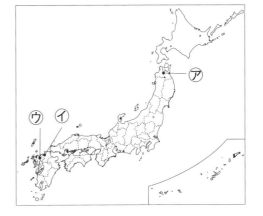

⑦（　　　　　　遺跡）

⑦（　　　　　　遺跡）

⑦（　　　　　　遺跡）

(2) 地図の⑦〜⑦の遺跡のうち，約5500年前の人々が生活していた縄文時代の遺跡はどれですか。記号で1つ答えましょう。

（　　　）

2 次の説明について，縄文時代のできごとには1を，弥生時代のできごとには2を，縄文時代と弥生時代両方のできごとには3を書きましょう。

（　　）たて穴住居という，地面を浅くほって床にした家に住んでいた。

（　　）中国から伝わった米づくりで収穫された米が，主な食料だった。

（　　）狩りや漁，採集によってとれた動物や植物が，主な食料だった。

（　　）食料や土地などをめぐって，むらとむらが争うことがあった。

25　縄文のむらから古墳のくにへ
大和朝廷の成立

理解

▶▶▶ 答えは別冊7ページ　点数

①～⑦：1問10点　⑧～⑨：1問15点

点

！覚えよう！

次の ☐ にあてはまる言葉を書きましょう。

・佐賀県にある ① 〔遺跡〕 は，弥生時代のむらの跡です。

　1～3世紀ごろには指導者は強い力をもち，まわりのむらを従え，

　② をつくりました。

・3世紀ごろ，女王 ③ が治める ④ 〔国〕が30

　ほどのくにを従えていたことが，中国の歴史書に書かれています。

・4世紀ごろの大和地方に，より大きな力をもった国が現れました。

　この国の中心となった王を ⑤ とよび，この国の政府を

　⑥ といいます。

・4～7世紀ごろ，朝鮮半島から集団でやってきて日本列島へ住みつ

　いた ⑦ が大勢いて，漢字や土木工事の技術などを伝

　えました。

★考えよう★

右の図を見て，次の ☐ にあてはまる言葉を書きましょう。

・3～7世紀ごろに各地で勢力を広げた豪族や王の

　墓を，今では ⑧ とよびます。その中で，

　日本最大のものは仁徳天皇陵〔大仙〕古墳です。

　これは右の図のように四角い形と丸い形をくっつ

　けているように見えるため，⑨ 〔墳〕とよばれています。

26 縄文のむらから古墳のくにへ
大和朝廷の成立

練習

▶▶▶ 答えは別冊7ページ

点数

点

1 (1)全部できて20点 (2)1つ10点　2 1問20点

1 次の問題に答えましょう。

(1) 米づくりは，世の中をどう変えましたか。□□□にあてはまる言葉を，⑦〜⑦から1つずつ選びましょう。

「米づくりが始まる→□□□→□□□→より広い土地が必要になる
→大きく力の強いむらが小さなむらを従える→□□□」

⑦人口が増える　⑦むらからくにに成長する　⑦生活が安定する

(2) 渡来人（とらいじん）が伝えた2つの技術に，◯をつけましょう。

（　）土木技術　　（　）弥生土器（やよいどき）　　（　）縄文土器（じょうもん）

（　）金印（きんいん）　　（　）漢字　　（　）ローマ字

2 右の資料を見て，次の問題に答えましょう。

(1) 資料1の2つの□□□にあてはまる人物はだれですか。

（　　　　　　　）

(2) 資料1の下線部の国を何といいますか。

（　　　　　　　）

(3) 資料2のような形の古墳（こふん）は前方後円墳（ぜんぽうこう えんふん）といい，大和地方（やまと）に多く見られます。この地方の大王（おおきみ）を中心とする国の政府を何といいますか。

（　　　　　　　　　　　）

資料1

　倭（わ）（日本）の国の王は，もとは男性が務めた。従えていたくにぐにが争いを起こし，戦いが続いたので，相談して□□□という女性を王に立てた。□□□はうらないをして，人々をひきつけるふしぎな力をもっていた。
（中国の古い時代の本）

資料2

27 天皇中心の国づくり
聖徳太子の政治

理 解

▶▶▶ 答えは別冊7ページ ★点数★

①～⑤：1問12点 ⑥～⑨：1問10点

点

！覚えよう！

次の □ にあてはまる言葉を書きましょう。

・6世紀末, 20才のときに天皇（てんのう）の政治を助ける役職についた

　① ＿＿＿＿＿ は, 有力な ② ＿＿＿＿ の蘇我（そが）氏とともに ③ ＿＿＿＿＿

中心の国づくりに取りかかりました。

・ ① は, 家柄（いえがら）や出身地などに関係なく, 功績（こうせき）や能力によって役人

を取り立てるため, ④ ＿＿＿＿＿＿＿ を定めました。

・また, ⑤ ＿＿＿＿＿＿ を定め, 政治を行う役人の心構えを

示しました。

★考えよう★

聖徳太子（しょうとくたいし）〔厩戸王（うまやどのおう）〕の外交や文化について, 右の図も参考にして, 次
の □ にあてはまる言葉を書きましょう。

・聖徳太子は新しい国づくりにあたって,
中国（ちゅうごく）の制度や文化などを取り入れよう
と考え, 小野妹子（おののいもこ）らを使者として

　⑥ ＿＿＿＿ に派遣（はけん）しました。この使者

を ⑦ ＿＿＿＿ といいます。

── 遣隋使の交通路

隋（ずい）
長安（ちょうあん）（今のシーアン）
洛陽（らくよう）
ルヤ
日本
飛鳥（あすか）

・ ⑧ ＿＿＿＿ をあつく信仰（しんこう）していた聖徳

太子は, 現在の奈良（なら）県斑鳩（いかるが）町に ⑨ ＿＿＿＿＿＿ を建て, 仏教の教

えを広めようとしました。

 天皇中心の国づくり
聖徳太子の政治

▶▶▶ 答えは別冊8ページ

点数

点

1 (1)10点 (2)20点 (3)1つ10点 (4)20点 2 1問15点

1 聖徳太子の政治について，次の問題に答えましょう。

(1) 次の文の(　　)の中から，正しい方を選んで◯で囲みましょう。

聖徳太子は，603年に(冠位十二階　十七条の憲法)を定め，家柄に関係なく，能力や功績によって役人を取り立てることにしました。

(2) 右の資料は，だれの心構えを示すために定められましたか。
（　　　　　　　　　　）

資料

第１条　人の和を第一にしなければなりません。 第２条　仏教をあつく信仰しなさい。 第３条　□の命令は必ず守りなさい。 第12条　地方の役人が勝手に，みつぎ物を受け取ってはいけません。

(3) 右上の資料は，604年に定められたきまりです。何といいますか。また，資料中の□にあてはまる言葉を書きましょう。
きまり（　　　　　　　　　）　言葉（　　　　　　　　　）

(4) 小野妹子のように，隋へ送られた使者のことを何といいますか。
（　　　　　　　　　）

2 右の絵を見て，次の問題に答えましょう。

(1) 絵は，現在の奈良県斑鳩町に建てられた寺院です。何といいますか。
（　　　　　　　　　）

(2) この寺院を建てたのはだれですか。
（　　　　　　　　　）

天皇中心の国づくり
大化の改新と大仏づくり

理解

▶▶▶ 答えは別冊8ページ　点数

①～⑤:1問12点　　⑥～⑨:1問10点

点

!覚えよう!

次の□□□にあてはまる言葉を書きましょう。

・645年, ① [　　　]皇子（おうじ）と中臣鎌足（なかとみのかまたり）は蘇我氏（そが）をたおし, 天皇（てんのう）を中心とする政治を始めました。これを② [　　　]

といいます。

・その後, それまで豪族（ごうぞく）が治めていた土地と人民は
国のものとなり, 人々は③ [　　　]・調（ちょう）・庸（よう）とい
う税を納（おさ）めるようになりました。

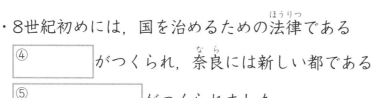

租（そ）

調（ちょう）

庸

・8世紀初めには, 国を治めるための法律（ほうりつ）である
④ [　　　]がつくられ, 奈良（なら）には新しい都である
⑤ [　　　]がつくられました。

・⑥ [　　　]天皇（てんのう）は, 仏教の力で社会の不安をしずめようと, 国ご
とに国分寺（こくぶんじ）を建てることを命じました。また, ⑦ [　　　]をつくる
詔（みことのり）を出し, 僧行基（そうぎょうき）の協力を得て, 東大寺（とうだいじ）に置きました。

・□⑥□は, 中国（ちゅうごく）へ使者や留学生を送り, 中国の進んだ制度や文化な
どを学ばせました。この使者を⑧ [　　　]といいます。

・□⑧□らがもちかえった大陸の宝物（ほうもつ）の多くは, 東大寺の
⑨ [　　　]におさめられています。

30 天皇中心の国づくり
大化の改新と大仏づくり

練習

▶▶▶ 答えは別冊8ページ

点数

点

1 (1)1つ15点 (2)1問10点 **2** 1問10点

1 大化の改新について，次の問題に答えましょう。

(1) 次の文の（　）の中から，正しい方を選んで◯で囲みましょう。

中大兄皇子らは（ 蘇我氏　中臣氏 ）をたおし，（ 貴族　天皇 ）中心の政治を始めました。これを，大化の改新といいます。

(2) 大化の改新の後，人々が納めることになった⑦〜⑨の税を何といいますか。

⑦　織物や地方の特産物を納める。

⑦　稲の収穫高の約3%を納める。

⑦　年間に10日働くか，布を納める。

⑦（　　　　　　　） ⑦（　　　　　　　） ⑦（　　　　　　　）

2 奈良時代についてのべた次の文の（　）の中から，正しい方を選んで◯で囲みましょう。

(1) 8世紀初め，奈良につくられた都を（ 長安　平城京 ）といいます。

(2) 東大寺の大仏をつくる詔を出した天皇は（ 聖武天皇　天智天皇 ）です。

(3) 大仏づくりに協力した僧は（ 行基　鑑真 ）です。

(4) 遣唐使がもたらした大陸の宝物の多くは，（ 法隆寺金堂　東大寺正倉院 ）におさめられています。

31 天皇中心の国づくり
貴族の政治とくらし

▶▶▶ 答えは別冊8ページ

①～④：1問15点　　⑤～⑧：1問10点

点

！覚えよう！

次の□□□にあてはまる言葉を書きましょう。

・8世紀末に，都が平城京（へいじょうきょう）から ① □□□□□□□ に移されると，貴族（きぞく）が

朝廷（ちょうてい）の政治を動かすようになりました。特に，中臣鎌足（なかとみのかまたり）の子孫であ

る ② □□□ 氏が大きな力をもつようになりました。

・ ② 氏は，むすめを天皇（てんのう）のきさきにすることで天皇との結びつき

を強め，大きな権力（けんりょく）をふるいました。

・なかでも， ③ □□□□□□□ は大きな権力をにぎり，自分の思い通

りにならないことはない，という歌をよむほどでした。

・平安（へいあん）時代の貴族は， ④ □□□□□□□ とよばれるつくりの大きなや

しきでくらしていました。

★ 考えよう ★

平安時代の文化について，次の□□□にあてはまる言葉を書きましょう。

・平安時代には，右のように漢字をくずした ⑤ □□□

文字が生まれました。この文字を使って，紫式部（むらさきしきぶ）は

長編小説の「 ⑥ □□□□□□ 」を書き，また，清少

納言（なごん）は随筆（ずいひつ）の「枕草子（まくらのそうし）」を書きました。

・日本風の文化である ⑦ □□□□ 文化 が生まれました。

・貴族の間では，お正月や七夕（たなばた）といった ⑧ □□□□ 行事

が行われていました。

こ さ 乙 己 コ
の 世 を ば
己
「カタカナへ」

32 天皇中心の国づくり
貴族の政治とくらし

▶▶▶ 答えは別冊9ページ

1 1問20点 2 1つ10点

点数 　点

---

1 次の問題に答えましょう。

貴族のやしき

(1) 平安時代の貴族がくらした，右の絵のようなやしきは何というつくりですか。

（　　　　　　　　　　）

(2) 右上の絵から読み取れるものとして，正しい方に○をつけましょう。

（　　　）庭では米づくりが行われている。

（　　　）庭には池が広がっている。

資料

> この世をば
> わが世とぞ思ふもち月の
> かけたることも
> なしと思へば

(3) 右の資料が表す内容として，正しい方に○をつけましょう。

（　　　）世の中すべてが思い通りになっている様子

（　　　）生活が苦しくて世の中を不安に思う様子

2 平安時代の文化についてのべた次の文が正しければ○を，まちがっていれば×をつけましょう。

（　　　）平安時代には，中国風の文化が栄えました。

（　　　）紫式部が書いた「古事記」は，現在，世界じゅうの人々に読まれています。

（　　　）清少納言は，随筆「枕草子」を書きました。

（　　　）端午の節句などの年中行事が行われていました。

33 縄文のむらから古墳のくにへ，天皇中心の国づくりのまとめ

▶▶▶ 答えは別冊9ページ

点数 ★　　　　　　点

1 (1)1問15点　(2)1問10点　(3)〜(6)1問10点

1 右の年表を見て，次の問題に答えましょう。

(1) 年表の中の□□□にあてはまる人物名を書きましょう。

　　⑤（　　　　　　　　）

　　⑳（　　　　　　　　）

時期	主なできごと
5500年前	㋐三内丸山遺跡（さんないまるやまいせき）のむらができる
約2400年前	米づくりが日本に伝わる……①
	㋑吉野ヶ里遺跡（よしのがり）のくにができる
3世紀	⑤ が中国（ちゅうごく）に使いを送る
4世紀	大和朝廷（やまとちょうてい）が成立する………②
7世紀	聖徳太子（しょうとくたいし）が㋮法隆寺（ほうりゅうじ）を建てる
	大化の改新（たいかのかいしん）が始まる………③
8世紀	聖武天皇（しょうむてんのう）が天皇の位につく…④
11世紀	⑳ が大きな権力（けんりょく）をにぎる

(2) 下線部㋐・㋑・㋮のある場所を，地図の㋐〜㋕から選びましょう。

　　㋐（　　　）　㋑（　　　）　㋮（　　　）

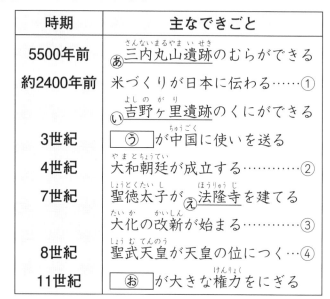

(3) ①のころにつくられた土器を何といいますか。

　　　　　　（　　　　　　　　　　　）

(4) ②の大和朝廷の王を何といいますか。

　　　　　　（　　　　　　　　　　　）

(5) ③により土地や人々は，豪族（ごうぞく）と国のどちらが支配するようになりましたか。

　　　　　　　　　　　　　（　　　　　　　　　　　）

(6) ④の天皇が全国に建てることを命じた寺を何といいますか。

　　　　　　　　　　　　　（　　　　　　　　　　　）

34

縄文のむらから古墳のくにへ，天皇中心の国づくりのまとめ

まちがいさがし いくつ発見できるかな?

▶▶▶ 答えは別冊9ページ

☆ ☆ ☆ ☆ ☆ ☆ ☆ ☆ ☆ ☆ ☆ ☆ ☆ ☆

> 下の絵は縄文時代の「むら」の様子を表した想像図です。
> 縄文時代にはなかったと考えられる人の行動やできごと，
> 施設を◯で囲みましょう。いくつ発見できるかな?

この時代の
人たちは，
むらどうしで争って
いたかしら…。

ムム…。
建物が
あやしいぞ!

35 武士の世の中へ
武士のおこりと平氏の政治

▶▶▶ 答えは別冊10ページ

点数

①～⑤：1問16点　⑥～⑦：1問10点

点

！覚えよう！

次の□□□にあてはまる言葉を書きましょう。

・都で貴族(きぞく)がはなやかなくらしをしていたころ，地方で富をたくわえ，領地を守るために武芸をみがいていた有力な農民や都から派遣(はけん)された役人は①□□□□となりました。

・朝廷(ちょうてい)や貴族から武芸を認(みと)められた一族のうち，②□□□□は東国(とうごく)（東日本）を中心に，③□□□□は西国(さいごく)（西日本）を中心に勢力をのばしました。

・保元の乱(ほうげん らん)や④□□□□の乱といった，朝廷や貴族の権力(けんりょく)をめぐる争いの中で活やくした⑤□□□□は，朝廷で高い役職につき，貴族にかわって政治の権力をにぎるようになりました。

★考えよう★

武士のやしきを表した右の絵を見て，次の□□□にあてはまる言葉を書きましょう。

・やしきのまわりは，⑥□□□□で囲まれています。

・門の上には⑦□□□□がつくられ，敵(てき)におそわれないように見はっています。

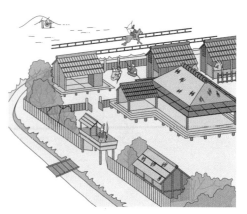

武士の世の中へ

武士のおこりと平氏の政治

 練 習

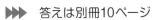 ▶▶▶ 答えは別冊10ページ

1 (1)10点 (2)1つ10点　2 1問20点

 点数

点

1 右の絵を見て，次の問題に答えましょう。

(1) 絵のようなやしきに住んでいた
のは，どのような人ですか。正
しい方に○をつけましょう。

（　　）貴族（きぞく）　　（　　）武士

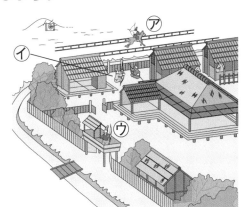

(2) 絵の中の⑦～⑦の人は，何をし
ていますか。（　　）に記号を書
きましょう。

（　　）見張りをしている。

（　　）武器の手入れをしている。

（　　）武芸にはげんでいる。

2 右の年表を見て，次の問題に答えましょう。

(1) 右はだれについての年表ですか。人物
名を書きましょう。

（　　　　　　　　　　　）

(2) (1)の人物の一族は，東日本と西日本の
どちらに勢力を広げましたか。

（　　　　　　　　　　　）

(3) 年表の下線部は何という戦いですか。

（　　　　　　　　　　　）

年	主なできごと
1118	生まれる
1156	保元（ほうげん）の乱（らん）
1159	源氏（げんじ）と戦う
1167	太政大臣（だいじょうだいじん）になる
1180	孫が天皇（てんのう）になる
1181	死去

37 武士の世の中へ
鎌倉幕府の成立

理 解

▶▶▶ 答えは別冊10ページ

点数

①～⑩：1問10点

点

！覚えよう！

次の 　　　 にあてはまる言葉を書きましょう。

・平治の乱で敗れ，伊豆(静岡県)に流されていた ① 　　　 は，

伊豆の豪族の ② 　　　 氏や，弟である ③ 源 　　　 の助けを

うけて，壇ノ浦(山口県)で ④ 　　　 氏をほろぼしました。

・ ① は，1192年に朝廷から ⑤ 　　　 に任じられ

ました。

・ ① が，現在の神奈川県に開いた政府を，その土地の名前から

⑥ 　　　 といいます。

・やがて， ② が政治の実権をにぎり，武士の裁判の基準とされた

⑦ 　　　 という法律を定めました。

★考えよう★

右の図を見て，次の 　　　 にあてはまる言葉を書きましょう。

・⑦は，将軍が手がらを立てた家来の武士に

新しく ⑧ 　　　 をあたえたことなどを表

します。これを ⑨ 　　　 といいます。

・⑦は，家来の武士が ⑨ にむくいるため，

将軍のために命がけで戦ったことを表しま

す。これを ⑩ 　　　 といいます。

将軍と家来の武士の関係

将 軍

⑦ 　 ⑦

家来の武士

38 武士の世の中へ
鎌倉幕府の成立

練習

▶▶▶ 答えは別冊10ページ

点数

点

1 (1)(2)1問20点 (3)全部できて20点 　**2** 1つ10点

1 右の年表を見て，次の問題に答えましょう。

(1) 右はだれについての年表ですか。
人物名を書きましょう。

（　　　　　　　　　）

(2) 年表中の☐☐☐にあてはまる地位
を何といいますか。

（　　　　　　　　　）

年	主なできごと
1147	生まれる
1180	伊豆で兵をあげる
1185	平氏をほろぼす
1192	☐☐☐に任じられる
1199	死去

(3) この人物が，家来の武士と結んだ関係を示した次の（　）にあては
まる言葉を書きましょう。

（　　　　　　　　　）と（　　　　　　　　　）

◆チャレンジ◆

2 次の問題に答えましょう。

(1) 鎌倉に幕府が開かれた理由について，右の絵を見て，次の文の
（　　）の中から，正しいものを1つ選んで◯で囲みましょう。

鎌倉は,南は（山　海　川）に面し,
東・西・北の三方は（山　海　川）
に囲まれているため，敵がやってき
たときに（守りにくい　守りやすい）
地形だったから。

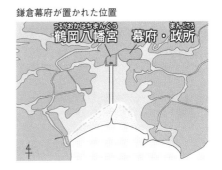

鎌倉幕府が置かれた位置
鶴岡八幡宮　幕府・政所

(2) 鎌倉幕府について，正しいもの1つに◯をつけましょう。

（　　）源氏の将軍が絶えると,北条氏が将軍となって政治を行った。

（　　）武士の裁判の基準となる「御成敗式目」が定められた。

（　　）天皇中心の政治を目指して，武士が団結した。

39 武士の世の中へ
元との戦い

理 解

▶▶▶ 答えは別冊11ページ

①〜④:1問15点　⑤〜⑧:1問10点

点数　　　　　　　点

！覚えよう！

次の□□□にあてはまる言葉を書きましょう。

・①［　　　　　］幕府が政治を行っていたころ，モンゴル民族が中国を支配し②［　　　　　］という大きな国を築いていました。

・②は，日本を従えようとして，2度にわたって九州北部にせめてきました。このことを元寇といいます。

・このとき，幕府の政治の中心だったのは，執権③［　　　　　　　］です。

・元軍は，④［　　　　　］戦術や「てつはう」という火薬兵器を使って武士たちを苦しめました。

★考えよう★

元軍との戦いとその結果について，次の□□□にあてはまる言葉をあとの〔　〕から選んで書きましょう。

・元軍との戦いで，竹崎季長ら武士は，領地など⑤［　　　　　］を得るために必死で戦い，⑥［　　　　　］のつとめをはたしました。

・しかし，元軍を退けた幕府には新しく得られた⑦［　　　　　］がなく，⑤をあたえることができず，⑧［　　　　　］と⑥の関係がくずれることになりました。

〔恩賞　領地　ご恩　奉公　負担　役目〕

40

武士の世の中へ
元との戦い

▶▶▶ 答えは別冊11ページ

1 (1)(2)1問20点 (3)全部できて20点　2 1つ20点

1 右の絵を見て，次の問題に答えましょう。

(1) 絵は，元軍が2度にわたっ
て九州北部にせめてきたと
きの様子をえがいています。
このできごとを何といいま
すか。

（　　　　　　　　）

(2) 絵の中の⑦・⑦のうち，
元軍はどちらですか。

（　　　　　）

(3) 元軍が日本の武士を苦しめたのは，どのようなことですか。次の
（　　）にあてはまる言葉を書きましょう。

（　　　　　　　　　　）戦術と（　　　　　　　　）兵器

2 元軍との戦いの後の様子について，正しいことを2つ選んで○をつ
けましょう。

（　　）幕府は武士たちに，新しい領地をあたえることができなかった。

（　　）新しい領地を得ることができた武士たちの生活は，とても
楽になった。

（　　）よりいっそう，幕府と武士たちの間の「ご恩と奉公」の関
係が強まった。

（　　）武士たちの幕府に対する不満が高まり，「ご恩と奉公」の関
係もくずれていった。

41 今に伝わる室町文化
室町文化

理解

▶▶▶ 答えは別冊11ページ

点数

①～⑥：1問10点　⑦～⑧：1問20点

点

！覚えよう！

次の◯◯◯◯◯にあてはまる言葉を書きましょう。

・14世紀に鎌倉幕府はたおれ，足利氏が京都に ① ◯◯◯◯◯ 幕府 を開

きました。 ① は，3代将軍の ② 足利 ◯◯◯◯◯ のときに，

力が最も強まりました。

・室町時代の文化を代表する建物は， ② が建てた ③ ◯◯◯◯◯ と，

足利義政が建てた ④ ◯◯◯◯◯ です。 ④ のとなりにある東求堂は

⑤ ◯◯◯◯◯ というつくりで，現在の和室のもとになりました。

また，お茶を飲む風習から茶の湯が，床の間をかざるために生け花

が生まれました。

・この時代には，雪舟が日本の自然の美しさをすみ一色でえがくすみ

絵〔水墨画〕を芸術として大成させました。また，観阿弥・世阿弥父

子が大成した ⑥ ◯◯◯◯◯ や，狂言が始まったのも室町時代です。

★考えよう★

右の書院造の部屋の絵を見て，

次の◯◯◯◯◯にあてはまる言葉を

書きましょう。

・現在の和室にも見られる

⑦ は ⑦ ◯◯◯◯◯ ，

④ は ⑧ ◯◯◯◯◯ ，

⑤ はたたみです。

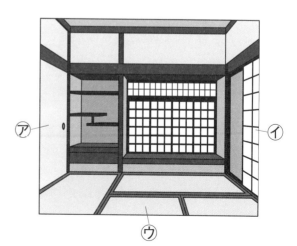

今に伝わる室町文化
室町文化

▶▶▶ 答えは別冊11ページ

1 1問10点　2 1問15点

点数

点

1 金閣と銀閣について表にまとめましょう。③と④は，下の□□□□□から
選んで書きましょう。

	金閣	銀閣
つくった人は	①	②
ふんいきは	③	④

ごうかである　落ち着いている

2 現代まで受けつがれている室町文化について，下線部が正しければ
○を，まちがっていれば正しい言葉を書きましょう。

(1) 観阿弥・世阿弥父子が，日本の伝統芸能である<u>狂言</u>を大成しまし
た。

（　　　　　　　　）

(2) 中国から帰国した<u>雪舟</u>は，すみ絵〔水墨画〕を芸術として大成しま
した。

（　　　　　　　　）

(3) 障子やふすまを用い，床にはたたみがしきつめられた<u>寝殿造</u>の建
築物が建てられました。

（　　　　　　　　）

(4) 床の間をかざるため，<u>茶の湯</u>の作法が発展しました。

（　　　　　　　　）

43 武士の世の中へ，今に伝わる室町文化のまとめ

▶▶▶ 答えは別冊12ページ

点数

点

1 (1)1問10点 (2)全部できて20点 (3)(4)1問10点 (5)全部できて20点

1 右の年表を見て，次の問題に答えましょう。

(1) ⑦～⑤にあてはまる人物名を書きましょう。

⑦ (　　　　　　　　　)

⑦ (　　　　　　　　　)

⑤ (　　　　　　　　　)

⑤ (　　　　　　　　　)

年	主なできごと
1167	⑦ が太政大臣になる
1192	⑦ が征夷大将軍になる…①
1232	武士の裁判の基準となる法律がつくられる……………②
1274	元が日本にせめてくる………③
1281	再び元が日本にせめてくる…④
1333	鎌倉幕府がほろびる
1338	室町幕府が開かれる
1397	⑤ が金閣を建てる………⑤
1489	⑤ が銀閣を建てる

(2) ①の後，将軍と家来の武士は，土地を中心としてどのような関係で結びついていましたか。次の(　　)にあてはまる言葉を書きましょう。

(　　　　　　　　　　)と(　　　　　　　　　　)の関係

(3) ②の法律を何といいますか。

(　　　　　　　　　)

(4) ③と④の2回にわたって元が日本にせめてきたことを何といいますか。

(　　　　　　　　　)

(5) ⑤のころに，能を大成させた父子はだれですか。

(　　　　　　　　)と(　　　　　　　　)の父子

44

武士の世の中へ，今に伝わる室町文化のまとめ

くらべて発見！ まちがいさがし

▶▶▶ 答えは別冊12ページ

☆ ☆ ☆ ☆ ☆ ☆ ☆ ☆ ☆ ☆ ☆ ☆ ☆ ☆

下の2つの絵のうち，上の絵は武士のやかたの様子を表したものです。2つの絵をよく見比べて，下の絵の異なっているところに◯をつけましょう。何か所みつかるかな？

45 戦国の世から江戸の世へ 信長と秀吉

理解

▶▶▶ 答えは別冊12ページ　点数 ★

①〜④：1問10点　　⑤〜⑨：1問12点

点

！覚えよう！

次の　　にあてはまる言葉を書きましょう。

・戦国大名の ①　　　　　　は，尾張を拠点に勢力を強めました。

1575年には ②　　　　　の戦いで大量の鉄砲を使い，甲斐の武田氏

の騎馬隊を破りました。その翌年には，天下統一の拠点として，琵

琶湖のほとりに ③　　　　城を築きました。この城下町では，だれ

でも商売ができる ④　　　　　　という政策がと

られ，商工業がさかんになりました。

★考えよう★

右の資料を参考にして，次の　　にあてはまる言葉を書きましょう。

・右の資料は，⑤　　　　　　が，百

姓が武力で反抗しないように，刀な

どの武器を取り上げるために出した

⑥　　　　　令の一部です。

・（　　）には，ヨーロッパから伝わった

新しい武器の ⑦　　　　　が入り，これ

が普及していたことがわかります。

資料

　一　諸国の百姓が，刀，

やり，（　　）などの武

器をもつことを，かた

く禁止する。武器をた

くわえ，年貢を出しし

ぶり，一揆をくわだて

て領主に反抗する者は，

厳しく処ばつされる。

・　⑤　は，税収を確かにするために田畑の面積などを調査する，

⑧　　　　　を行いました。また，明を征服しようと，2度にわたっ

て ⑨　　　　半島に大軍を送りました。

46 戦国の世から江戸の世へ
信長と秀吉

▶▶▶ 答えは別冊12ページ

点数　　　点

1 (1)(2)1問15点 (3)1つ15点 **2** 1つ10点

1 長篠（ながしの）の戦いを表した右の絵を見て，次の問題に答えましょう。

(1) 鉄砲（てっぽう）を使っているのは，織田（おだ）・徳川（とくがわ）連合軍と武田（たけだ）軍のどちらですか。

（　　　　　　　　　）

(2) この戦いに勝ったのは，織田・徳川連合軍と武田軍のどちらですか。

（　　　　　　　　　）

(3) 織田信長（のぶなが）の政策（せいさく）について，次の文の（　　）の中から，正しい方を選んで〇で囲みましょう。

（ 楽市（らくいち）・楽座（らくざ）　検地（けんち） ）などで（ 商業　農業 ）や工業をさかんにしました。

2 次のそれぞれの文について，正しいものには〇を，まちがっているものには×をつけましょう。

（　　）百姓（ひゃくしょう）たちから武器を取り上げる刀狩（かたながり）と，検地によって，武士と百姓の身分がはっきり区別されるようになった。

（　　）刀狩令では，百姓たちから武器を取り上げるとともに，武士がもつことができる武器の量も決めた。

（　　）田畑のよしあしや広さ，米のとれる量などを調べた検地は，より正確に年貢（ねんぐ）をとるために行われた。

（　　）検地と刀狩によって，武士にかわり貴族（きぞく）が世の中を支配するしくみが整えられた。

47 戦国の世から江戸の世へ
江戸幕府の成立

理 解

▶▶▶ 答えは別冊13ページ

点数

①～⑤：1問14点　⑥～⑧：1問10点

点

！覚えよう！

次の◯◯◯にあてはまる言葉を書きましょう。

・三河(愛知県)を拠点に少しずつ力をつけた ① ◯◯◯ は, 豊
臣秀吉の死後, 天下分け目の戦いといわれた

② ◯◯◯ の戦い に勝ち, 全国の支配を確実にしました。

・1603年, ① は朝廷から ③ ◯◯◯ に任命され,

④ ◯◯◯ に幕府を開きました。

・幕府は, 大名を親せきの親藩, 古くからの家来の譜代,

⑤ ◯◯◯

の3つに分け, 領地の配置をくふうしました。

★考えよう★

右の資料を見て, 次の◯◯◯にあて
はまる言葉を書きましょう。

・資料は大名を取りしまるために定

められた ⑥ ◯◯◯ の一部

です。( )には ⑦ ◯◯◯

があてはまります。大名は1年お
きに江戸と領地を行き来し, 江戸
には妻子を人質として置いたため,
とても大きな出費となりました。

・資料の　　　　の部分のきまりは,

⑧ ◯◯◯ が将軍のときに加えられたものです。

資料

> 一　大名は, 毎年4月に(　　)
> すること。近ごろは, (　　)
> の人数が多すぎるので, 少
> なくすること。
> 一　自分の領地の城を修理す
> る場合, 届け出ること。
> 一　将軍の許可なしに, 大名
> の家どうしで結婚してはい
> けない。
> 一　大きな船をつくってはい
> けない。
>
> (部分要約)

48

戦国の世から江戸の世へ
江戸幕府の成立

▶▶▶ 答えは別冊13ページ

1 (1)1問10点 (2)1つ10点　**2** 1つ10点

---

1 次の問題に答えましょう。

(1) 次の歌の①〜③は，だれのことをさしていますか。

「①織田がつき　②羽柴がこねし　天下もち　すわりしままに　食ふ
は③徳川」

① (　　　　　　　)　② (　　　　　　　　)　③ (　　　　　　　　)

(2) 江戸幕府の政策について，次の文の(　　)の中から，正しい方を
選んで○で囲みましょう。

　　江戸幕府は，徳川家の親せきである(譜代　親藩)と，古く
からの家来である(譜代　親藩)には，江戸から(近い　遠い)，
または重要なところに領地をあたえました。一方，関ヶ原の戦い
の後に従った外様には，江戸から(近い　遠い)ところに領地
をあたえました。

2 参勤交代について説明した次の文の(　　)にあてはまる言葉を，あ
との◯◯◯から選んで，文を完成させましょう。

　　参勤交代とは，大名が1年おきに領地と(　　　　　　　)を往復する
制度です。妻子はここに，人質としてとめおかれました。また，往
復にかかる費用や生活費はとても(　　　　　　　　)ものでした。
この制度によって(　　　　　　)や宿場町が整備されました。

> 江戸　大きい　小さい　航路　街道

49 戦国の世から江戸の世へ
江戸時代の人々のくらしと鎖国 〔理解〕

▶▶▶ 答えは別冊13ページ 〔点数〕

①〜⑤：1問14点　⑥〜⑧：1問10点

点

！覚えよう！

次の □ にあてはまる言葉を書きましょう。

・江戸幕府は初め，朱印状という許可状を大名や商人にあたえ，外国
との貿易を保護しました。外国との貿易がさかんになると，国内に
① □ 教の信者が増えました。

・幕府は ① □ 教の信者が命令に従わなくなること
をおそれ，右の絵のような ① □ の像などを踏ま
せる ② □ などで信者を取りしまるよ
うになりました。この時期，① □ 教の信者を中
心とした ③ □ 一揆が起こりました。

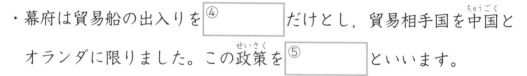

・幕府は貿易船の出入りを ④ □ だけとし，貿易相手国を中国と
オランダに限りました。この政策を ⑤ □ といいます。

★ 考えよう ★

右の資料を見て，次の □ にあてはまる言葉を書きましょう。

・資料から，江戸時代には人口の85％が
⑥ □ で，支配層の ⑦ □ は，
ごくわずかだったことがわかります。

・⑥ □ は名主〔庄屋〕とよばれる有力者を
中心に村を運営し，年貢の納入に共同責
任を負う ⑧ □ という組織も
ありました。

江戸時代の終わりごろの身分ごとの人口の割合

町人 5%
その他 3%
武士 7%
総人口 3200万人
百姓 85%

50 戦国の世から江戸の世へ
江戸時代の人々のくらしと鎖国

練 習

▶▶▶ 答えは別冊13ページ

点数 ★

点

1 (1)1問20点 (2)全部できて10点　**2** (1)1問10点 (2)(3)1問10点

1 右の資料を見て，次の問題に答えましょう。

(1) 資料の（　　）にあてはまる身分を書きましょう。

①（　　　　　）　②（　　　　　）

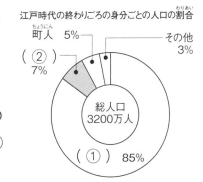

江戸時代の終わりごろの身分ごとの人口の割合
町人 5%
その他 3%
（ ② ） 7%
総人口 3200万人
（ ① ） 85%

(2) 江戸時代の社会について，次の文の（　　）の中から，正しい方を選んで○で囲みましょう。

江戸時代は，（ **少数　多数** ）の武士が（ **少数　多数** ）の百姓を支配していた。

2 右の年表を見て，次の問題に答えましょう。

(1) 年表の ＿＿＿ にあてはまる言葉を書きましょう。

㋐（　　　　　　　）

㋑（　　　　　　　）

㋒（　　　　　　　）

年	主なできごと
1612	幕府が ㋐ 教を禁止……①
1624	スペイン船の来航を禁止
1637	㋑ 一揆が起こる
1639	ポルトガル船の来航を禁止
1641	平戸のオランダ商館を ㋒ の出島に移す

(2) ①ののち，キリスト教の取りしまりを強めた幕府がとった，信仰を確認した方法を何といいますか。

（　　　　　　　　　）

(3) 年表にあるように，外国との貿易を制限した，幕府の政策を何といいますか。

（　　　　　　　　　）

51 江戸の文化と新しい学問
江戸時代の文化

理解

▶▶▶ 答えは別冊14ページ　点数

①〜⑩：1問10点

点

!覚えよう!

次の□□□□にあてはまる言葉や数字を書きましょう。

・江戸（えど）時代の中ごろになると，政治や経済（けいざい）の中心地として ①□□□□ は，大いににぎわいました。②□□□□ や町人（ちょうにん）を中心に，人口が約 ③□□□□ 万人の大都市となり，新しい文化が栄えました。

・①□□ や大阪（おおさか）や各地の城下町（じょうかまち）では，芝居（しばい）小屋での芝居見物が流行し，④□□□□ が人気を集めました。人形浄瑠璃（るり）の作者でもある ⑤□□□□ は，「曽根崎心中（ねざきしんじゅう）」などの脚本（きゃくほん）を書き，力をつけた町人のいきいきとしたすがたや心情を表現しました。

・また，世の中や人々の様子をえがいた ⑥□□□□ が町人の人気を集めました。「東海道五十三次（とうかいどうごじゅうさんつぎ）」をえがいた ⑦□□□□ のほか，葛飾北斎（かつしかほくさい）や東洲斎写楽（とうしゅうさいしゃらく）が，代表的な作者です。

・⑥□□ は，海外の人々にも鑑賞（かんしょう）されて，フランスのマネやオランダのゴッホといった ⑧□□□□ の有名な画家にもえいきょうをあたえました。

・この時代には教育への関心も高まり，町や村には ⑨□□□□ とよばれる教育機関ができました。そこでは，町人や百姓（ひゃくしょう）の子どもたちが読み書きや ⑩□□□□ などを学びました。

江戸の文化と新しい学問

江戸時代の文化

▶▶▶ 答えは別冊14ページ

1 1問20点　**2** (1)(2)1問10点　(3)1問10点

★ 点数 ★

点

1 右の絵を見て，次の問題に答えましょう。

浮世絵

(1) この絵は，どのような芸能の役者をえがいた
　　ものですか。

（　　　　　　　　　　　）

(2) 人形浄瑠璃やこのような役者が出演する舞台
　　芸能などの脚本を書いた人物はだれですか。

（　　　　　　　　　　　）

(3) 次の文の(　　)の中から，(1)の芸能が人気を集めた理由として
　　正しいものを1つ選んで◯で囲みましょう。

（ **貴族**　**武士**　**町人** ）の生活や心情を，いきいきとえがいて

いたから。

2 江戸時代の文化についてのべた次の文の下線部が正しければ◯を，
まちがっていれば正しい言葉を書きましょう。

(1) 「東海道五十三次」の作者は，葛飾北斎です。

（　　　　　　　　　　　）

(2) 「東海道五十三次」のような絵を浮世絵といいます。

（　　　　　　　　　　　）

(3) 町や村につくられた教育機関を①寺子屋といいます。そこでは，
　　子どもたちが読み書きや②商売を学びました。

①（　　　　　　　　）　②（　　　　　　　　）

53 江戸の文化と新しい学問
国学と蘭学

理解

▶▶▶ 答えは別冊14ページ

点数

①～⑩：1問10点

点

！覚えよう！

次の □ にあてはまる言葉を書きましょう。

・小浜藩（おばまはん）の医者 ① [ ] や中津藩（なかつ）の医者前野良沢（まえのりょうたく）らは，苦労してオランダ語の医学書をほん訳（やく）し，「② [ ]」として出版しました。これをきっかけに，西洋の学問である ③ [ ] への関心が高まりました。

・50才をすぎて天文学や測量術を学んだ ④ [ ] は，現在の日本地図とほとんど変わらない正確な地図を完成させました。

・伊勢（いせ）の医者 ⑤ [ ] は，日本古来の考え方を大切にする ⑥ [ ] の研究を進め，「⑦ [ ]」をあらわしました。

★ 考えよう ★

右の絵も参考にして，次の □ にあてはまる言葉を書きましょう。

・絵は，ききんや物価の上昇（じょうしょう）で生活が苦しくなった町人（ちょうにん）が都市で起こした ⑧ [ ] の様子です。

また，同じころ，農村ではひんぱんに ⑨ [ ] が起こりました。

・大阪（おおさか）では，元役人の ⑩ [ ] が，生活に苦しむ人々を救おうと，反乱（はんらん）を起こしましたが，失敗しました。

54　江戸の文化と新しい学問
国学と蘭学

練 習

▶▶▶　答えは別冊14ページ

1 (1)20点 (2)全部できて20点 (3)20点 2 (1)(2)1問10点 (3)1問10点

点数
点

1　右の絵を見て，次の問題に答えましょう。

(1) 絵は，あるヨーロッパの国の医学書が日本語
にほん訳されて出版された書物のとびら絵で
す。この書物を何といいますか。

（　　　　　　　　）

(2) 絵の書物を出版した中心人物を，次から2人
選びましょう。

まえ の りょうたく 前野良沢	もとおりのりなが 本居宣長	おおしおへいはちろう 大塩平八郎	すぎ た げんぱく 杉田玄白

（　　　　　　　　）（　　　　　　　　）

(3) 絵の書物の出版をきっかけに，学ぶ人がいっそう増えるように
なった西洋の学問を何といいますか。

（　　　　　　　　）

**2　江戸時代の学問や社会の動きについてのべた次の文の下線部が正し
ければ○を，まちがっていれば正しい言葉を書きましょう。**

(1) 本居宣長は，「古事記伝（こじきでん）」を書き，<u>儒学（じゅがく）</u>を完成させました。

（　　　　　　　　）

(2) <u>伊能忠敬（いのうただたか）</u>は，正確な日本地図をつくりました。

（　　　　　　　　）

(3) 18世紀になってききんが起こるようになったころ，都市では①<u>百
姓一揆（ひゃくしょういっき）</u>が，農村では②<u>打ちこわし</u>が起こりました。

①（　　　　　　　　）　②（　　　　　　　　）

55 戦国の世から江戸の世へ，江戸の文化と新しい学問のまとめ

▶▶▶ 答えは別冊15ページ

点数 ★

点

1 (1)1問10点　(2)1問10点　(3)～(5)1問10点

1 右の年表を見て，次の問題に答えましょう。

(1) 年表の中の（　）にあてはまる言葉を書きましょう。

⑦（　　　　　　　　　）

⑦（　　　　　　　　　）

⑦（　　　　　　　　　）

⑦（　　　　　　　　　）

⑦（　　　　　　　　　）

年	主なできごと
1543	（⑦）が種子島に伝わる
1549	ザビエルが（⑦）を伝える
1575	長篠の戦いが起こる………①
1590	豊臣秀吉が全国を統一……②
1603	江戸幕府が開かれる………③
1635	（⑦）が制度化される
1641	鎖国が完成する…………④
1774	「（⑦）」がほん訳・出版される
1837	大阪で（⑦）が反乱を起こす

(2) ①は，尾張の大名と三河の大名の連合軍が，甲斐の武田氏を破った戦いです。この2人の大名の名前を書きましょう。

尾張（　　　　　　　　　）　三河（　　　　　　　　　）

(3) ②の豊臣秀吉が，全国で行った土地調査を何といいますか。

（　　　　　　　　　）

(4) ③の江戸幕府を開いた徳川家に，古くから家来として従っていた大名を何といいますか。

（　　　　　　　　　）

(5) ④の後も，長崎の出島で貿易を許されたヨーロッパの国はどこですか。

（　　　　　　　　　）

56

戦国の世から江戸の世へ，江戸の文化と新しい学問のまとめ

何がつれるかな？

▶▶▶ 答えは別冊15ページ

歴史上の人物がつりをしています。それぞれに関係が深い
内容を2つずつ選び，つり糸をのばしてつり上げてください。
だれにも関係しないものがあるので，注意してね。

徳川家康（とくがわいえやす）

豊臣秀吉（とよとみひでよし）

織田信長（おだのぶなが）

関ケ原の戦い（せきがはらのたたかい）

楽市・楽座（らくいち・らくざ）

参勤交代（さんきんこうたい）

島原・天草一揆（しまばら・あまくさいっき）

親藩・譜代・外様（しんぱん・ふだい・とざま）

刀狩（かたながり）

種子島（たねがしま）

安土城（あづちじょう）

鎖国（さこく）

検地（けんち）

57 明治の国づくりを進めた人々
開国と江戸幕府の終わり

理解

▶▶▶ 答えは別冊15ページ

点数

①～④：1問10点　　⑤～⑨：1問12点

点

！覚えよう！

次の□□□にあてはまる言葉を書きましょう。

・1853年，アメリカ合衆国の使者，①_____ が神奈川県の

② _____ に来航し，幕府に開国を求めました。

・翌年，幕府は③_____ 条約 を結んで国交を

開き，鎖国は終わりました。

・1858年には，アメリカ合衆国と④_____ 条約 を結

び，外国との貿易が始まりました。この幕府の対応に，武士の不満

は高まりました。

★考えよう★

明治維新について，次の□□□にあてはまる言葉を，あとの〔　〕から

選んで書きましょう。

・1866年，木戸孝允の⑤_____ 藩と大久保利通の⑥_____ 藩は，

⑦_____ 藩出身の坂本龍馬の仲立ちで同盟を結び，幕府をたおす

大きな力となりました。

・このような動きに，15代将軍⑧_____ は，政権を朝廷に

返し，江戸幕府はたおれました。

・明治新政府は1868年に⑨_____ の名で，五箇条の御誓文

を定め，政治の基本方針を示しました。

〔土佐　薩摩　長州　徳川慶喜　明治天皇〕

明治の国づくりを進めた人々
開国と江戸幕府の終わり

▶▶▶ 答えは別冊16ページ

答えは別冊16ページ

点数

点

1 (1)10点 (2)1問10点 (3)(4)1問20点 **2** 1つ10点

---

1 右の年表を見て，次の問題に答えましょう。

(1) 年表の（　）にあてはま
る人物はだれですか。

（　　　　　　　　）

年	主なできごと
1853	（　　）が来航し開国を求める
1854	開国する…………………………①
1858	アメリカ合衆国と条約を結ぶ
1859	アメリカ合衆国などと貿易が 始まる……………………………②
1867	幕府が政権を朝廷に返す……③
1868	新しい政治の方針が示される④

(2) ①，②は，それぞれ何と
いう条約を結んで実現し
ましたか。

①（　　　　　　　　）

②（　　　　　　　　）

(3) ③を行った江戸幕府の15代将軍はだれですか。

（　　　　　　　　　　　）

(4) ④の新しい政治の基本方針を何といいますか。

（　　　　　　　　　　　）

---

2 左の人物の名前と，右の説明を正しく組み合わせて，線で結びましょう。

木戸孝允　・

・土佐藩出身。薩摩藩と長州藩の間の同盟の仲
立ちをした。

大久保利通・

・長州藩出身。倒幕運動の中心となり，五箇条
の御誓文の作成にもかかわった。

坂本龍馬　・

・薩摩藩出身。明治政府の指導者となり，日本
の近代化の道すじをつけた。

61

59 明治の国づくりを進めた人々
明治維新と富国強兵

　理 解

▶▶▶ 答えは別冊16ページ　点数

①〜⑩：1問10点

点

！覚えよう！

次の◯◯にあてはまる言葉や数字を書きましょう。

・政府は① ⬚ を廃止(はいし)して府や県を置き，政府が任命した役人が

それを治める② ⬚ を実施(じっし)しました。また，身分を解放

する法令を出して，国民を平等にあつかうことにしました。

・さらに，経済力(けいざい)と軍事力を強化するため③ ⬚ の政策(せいさく)を

進めました。経済の強化のため群馬県(ぐんま)に官営(かんえい)の④ ⬚ 製糸場 を

つくったのは，殖産興業(しょくさんこうぎょう)の1つの例です。また，軍事力を強化する

ために，⑤ ⬚ オ以上の男子に3年間の兵役(へいえき)を義務づける

⑥ ⬚ を定めました。

・国の収入(しゅうにゅう)を安定させるため，年貢(ねんぐ)ではなく，土地価格の3%を現金

で納(おさ)めさせる⑦ ⬚ を行い，国力をつけようとしました。

★考えよう★

右の絵を見て，次の◯◯にあてはま
る言葉を書きましょう。

明治時代のはじめの都市の様子

・夜の街を照らす⑧ ⬚

があり，⑨ ⬚ を着た人の様

子がわかります。

・このように，明治時代(めいじ)になって西

洋風の生活様式や考え方に変わっていったことを⑩ ⬚

といいます。

60 明治の国づくりを進めた人々
明治維新と富国強兵

練習

▶▶▶ 答えは別冊16ページ

点数

1 1つ10点　2 (1)1問10点　(2)10点

点

1 次の問題に答えましょう。

(1) 左の明治政府の制度や政策と右の目的を，正しく組み合わせて，線で結びましょう。

徴兵令　　　　　・　　　　・国民を平等に取りあつかうため。

廃藩置県　　　　・　　　　・国の収入を安定させるため。

富国強兵　　　　・　　　　・経済力を高め軍事力を強化するため。

地租改正　　　　・　　　　・訓練された強い軍隊をつくるため。

身分の解放　・　　　　・政治方針を日本全国に広めるため。

(2) 次の文の(　　)の中から，正しいものを1つ選んで◯で囲みましょう。

　　明治政府が1873年に出した徴兵令では，満(**18　20　25**)才以上の(**男子　女子　男女**)が，3年間軍隊に入ることが義務づけられました。

2 次の文の下線部が正しければ◯を，まちがっていれば正しい言葉を書きましょう。

(1) 生活や文化の面で①東洋風のものがもてはやされ，産業が近代化した明治時代初期の風潮を②文明開化といいます。

①(　　　　　　　　　　) ②(　　　　　　　　　　)

(2) 木戸孝允は「学問のすゝめ」をあらわし，学問の大切さをときました。

(　　　　　　　　　　)

61

明治の国づくりを進めた人々
自由民権運動

▶▶▶ 答えは別冊16ページ

①〜⑥:1問15点　⑦:10点

点数

点

！覚えよう！

次の◻にあてはまる言葉を書きましょう。

・明治政府による諸改革が進む中で，多くの ①［　　　　　］は，武士とし
ての特権を失い，政府への不満が高まりました。

・薩摩(鹿児島県)の士族は，西郷隆盛を中心として ②［　　　　　］戦争を
起こして反抗を示しましたが，政府の軍隊にしずめられました。こ
れ以降，政治批判は武力によるものから ③［　　　　　］によるものへ変
化していきました。

・政府への不満が高まる中，土佐藩出身の ④［　　　　　　　］らは，
国民の意見を生かした政治を行うべきだと考え，政府に
⑤［　　　　　］開設の要望書 を出しました。これをきっかけに，国会を
開き，憲法を定めることを求める運動が全国に広まりました。これ
を ⑥［　　　　　］運動 といいます。

・これに対して政府は，1881年に，
10年後の1890年に国会を開く約束
をしました。

★考えよう★

右上の絵を見て，次の◻にあては
まる言葉を書きましょう。

・絵は，自由民権運動の演説会の様子です。議会開設を主張している
人が，⑦［　　　　　］から演説を中止するように求められている
ことから，この運動がおさえつけられていたことがわかります。

明治の国づくりを進めた人々

自由民権運動

▶▶▶ 答えは別冊17ページ

点

1 1つ10点　**2** (1)1問10点　(2)10点　(3)20点

1 次の文の(　　)の中から, 正しいものを1つ選んで○で囲みましょう。

　明治(めいじ)の新政府は, 藩を廃止(はんはいし)し, 徴兵令(ちょうへいれい)を出して徴兵制を取り入れ
たため, (華族(かぞく)　士族(しぞく)　皇族(こうぞく))は武士としての特権(とっけん)を失うことに
なりました。不満を高めた(長州(ちょうしゅう)　土佐(とさ)　薩摩(さつま))藩の士族は
(西郷隆盛(さいごうたかもり)　板垣退助(いたがきたいすけ)　福沢諭吉(ふくざわゆきち))を中心に(西南(せいなん)　東西(とうざい)　南北(なんぼく))
戦争を起こして反抗(はんこう)しました。その反乱(はんらん)が政府の軍隊にしずめられ
ると, 以後, 政府への意見や批判(ひはん)は(武力　運動　言論(げんろん))により
行われるようになりました。

◇チャレンジ◇

2 次の文を読んで, あとの問題に答えましょう。

　「今の政府は, 薩摩藩と　ア　藩出身などの一部の者の手によっ
て動かされている。広く国民の意見を聞いて政治をするよう,
　イ　を開くべきだ。」

(1) 文の　　　にあてはまる言葉を書きましょう。
　　　　ア(　　　　　　　　) イ(　　　　　　　　)

(2) この意見を主張した, 土佐藩出身の人物はだれですか。
　　　　　　　　　　　　　　　　　(　　　　　　　　)

(3) (2)の人物が中心となって, 国会を開き, 憲法(けんぽう)をつくることを目標
とした運動を何といいますか。
　　　　　　　　　　　　　　　　　(　　　　　　　　)

63 明治の国づくりを進めた人々
国会開設と大日本帝国憲法

理 解

▶▶▶ 答えは別冊17ページ

点数

①～⑦：1問10点　⑧～⑨：1問15点

点

！覚えよう！

次の □ にあてはまる言葉や数字を書きましょう。

・政府が国会開設を約束すると，板垣退助は ① 党，大隈重信は ② 党 といった政党を結成しました。

・政府の中心となっていた ③ は，皇帝の権力が強い ④ の憲法を学びました。帰国後，⑤ 制度をつくり，初代の内閣総理大臣となって，憲法の草案をつくりました。

・1889年には，天皇が国民にあたえるという形で，⑥ 憲法 が発布され，近代的な国家のしくみが整いました。

・国民から選ばれる衆議院議員選挙で選挙権をあたえられたのは，一定の税金を納めた ⑦ オ 以上の男子だけでした。

★考えよう★

次の □ にあてはまる言葉を，右の〔　　〕から選びましょう。

大日本帝国憲法(一部要約)

第1条　日本は，永久に続く同じ家系の ⑧ が治める。

第4条　⑧ は，国の元首であり，国や国民を治める権限をもつ。

第29条　国民は，⑨ の範囲の中で，言論，出版，集会，結社の自由をもつ。

〔
天皇
貴族
法律
命令
〕

66

明治の国づくりを進めた人々
国会開設と大日本帝国憲法

練習

▶▶▶ 答えは別冊17ページ

点数

点

1 第一回の国会が開かれるまでの流れについて，次の（　）にあてはまる言葉を，あとの◯◯から選んで書きましょう。

（　　　　　　運動）がさかんになり，政府が国会を開くことを約束すると，（　　　　　　）は（　　　　党）を，大隈重信_{しげのぶ}は（　　　　　　党）をつくり，国会での活動に備えました。初代の（内閣_{ないかく}　　　　　）となった（　　　　　　）は，皇帝_{こうてい}の力が強いドイツの憲法_{けんぽう}を参考に日本の憲法の草案_{そうあん}を固め，1889年に（　　　　　　　　）が発布_{はっぷ}されました。貴族院_{きぞくいん}と衆議_{しゅうぎ}院の二院からなる国会が定められ，翌年_{よくねん}には第一回の国会が開かれました。

板垣退助_{いたがきたいすけ}	伊藤博文_{いとうひろぶみ}	自由_{じゆう}	立憲改進_{りっけんかいしん}
自由民権_{じゆうみんけん}	大日本帝国憲法_{だいにほんていこくけんぽう}		総理大臣_{そうりだいじん}

2 次の文の下線部を，正しい言葉になおして書きましょう。

(1) 大日本帝国憲法では，主権_{しゅけん}は<u>国民</u>にあるとされました。

（　　　　　　　　　　）

(2) 大日本帝国憲法は，<u>フランス</u>の憲法を参考にしてつくられました。

（　　　　　　　　　　）

(3) 衆議院議員選挙の選挙権をあたえられたのは，一定の税金を納_{おさ}めた<u>20才</u>以上の男子だけでした。　　（　　　　　　　　）

世界に歩み出した日本
外国との不利な条約の改正

▶▶▶ 答えは別冊17ページ　点数

①〜⑤：1問14点　⑥〜⑧：1問10点

点

！覚えよう！

次の□□□にあてはまる言葉を書きましょう。

・江戸時代の終わりに幕府が欧米諸国と結んだ修好通商条約では，輸入品にかける税を自由に決める ① ＿＿＿＿＿権 が認められていませんでした。また，国内では日本の法律で外国人をさばくことができない ② ＿＿＿＿＿権 を認める，日本にとっては ③ ＿＿＿＿＿ な内容の条約でした。

・1886年に起きた ④ ＿＿＿＿＿事件 をきっかけに条約改正の声が高まり，1894年，外務大臣 ⑤ ＿＿＿＿＿ が，イギリスとの間で ② をなくすことに成功しました。

★ 考えよう ★

右の絵を見て，次の□□□にあてはまる言葉を書きましょう。

・1886年，和歌山県沖で，

⑥ ＿＿＿＿＿ の貨物船がちんぼつしました。⑥ 人の船長，船員は救命ボートに乗って助かり，海に投げ出されたままの ⑦ ＿＿＿＿＿ 人の乗客は全員命を落としました。

貨物船ちんぼつの風刺画

・領事裁判権を認めていた当時は，⑥ の領事が事件をさばくため，船長は ⑧ ＿＿＿＿＿ ばつを受けただけでした。

世界に歩み出した日本
外国との不利な条約の改正

練習

▶▶▶ 答えは別冊18ページ
1 1つ10点 **2** 1つ10点

点数

点

1 次の文の（　）の中から，正しい方を選んで○で囲みましょう。

　江戸時代の終わりに（ 朝廷　幕府 ）が欧米諸国と結んだ条約では，日本は輸入品に自由に税を決めることが（ できる　できない ）という内容でした。（ 関税自主権　領事裁判権 ）がないと，外国から安い品物が入ってきたとき，国産の高い品物は（ 売れて　売れなくなって ）しまいます。例えば日本の（ 綿織物　水産物 ）は，外国製品にたちうちできず，大打撃を受けました。

2 次の（　）にあてはまる言葉を，あとの◻︎◻︎◻︎から選んで書きましょう。

　外国人が日本国内で罪をおかした場合，その外国人出身の国に（　　　　　　　）が認められていると，日本の法律でさばくことはできません。領事が（　　　　　　　）の法律でさばくことになるため，判決があまくなることが考えられます。こうした（　　　　　　　）な内容の条約のえいきょうは，和歌山県沖で起きたイギリス船のちんぼつにまつわる（　　　　　　　　　　）の判決にも見られました。のちの外務大臣（　　　　　　　　）は，その事件の当事国であったイギリスとの交渉の結果，こうした不利な取り決めをなくすことに成功したのです。

陸奥宗光　不平等　自分の国　領事裁判権　ノルマントン号事件

67 世界に歩み出した日本
日清戦争・日露戦争と産業の発展  理解

▶▶▶ 答えは別冊18ページ

点数

点

①〜⑦：1問10点　　⑧〜⑨：1問15点

！覚えよう！

次の□□□にあてはまる言葉を書きましょう。

・日本は明治時代の初めに，①＿＿＿＿＿に勢力をのばそうとしました。

　そのため，①にえいきょう力をもっていた②＿＿＿＿＿(中国)と

　対立が深まりました。

・1894年，①で起きた内乱をきっかけに，③＿＿＿＿戦争が始

　まりました。戦争に勝った日本は，台湾などを植民地として，多く

　の④＿＿＿＿＿もかくとくしました。

・満州に進出し，朝鮮もねらっていた⑤＿＿＿＿＿は，この日本

　の動きに干渉し，日本との対立を深めました。そして1904年，つい

　に⑥＿＿＿＿戦争が始まりました。この戦争に勝った日本は，樺太

　〔サハリン〕の南半分や⑦＿＿＿＿の鉄道の権利などを得ました。

★考えよう★

右のグラフを見て，次の□□□にあてはまる
言葉を書きましょう。

・1890年以降，特に1894年の日清戦争

　から，1904年の日露戦争のあとにかけて，

　日本の工場の数は⑧＿＿＿＿＿います。

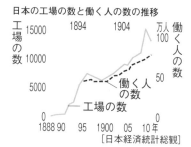

日本の工場の数と働く人の数の推移

[日本経済統計総観]

・グラフの期間は産業が大きく発達しました。せんい工業などの軽工

　業から，製鉄業などの⑨＿＿＿＿＿への発展は2つの戦争に勝

　利したことと大きな関係があります。

68 世界に歩み出した日本
日清戦争・日露戦争と産業の発展

 練習

▶▶▶ 答えは別冊18ページ

1 (1)1問10点 (2)10点 **2** 1つ10点

1 右の絵を見て，次の問題に答えましょう。

(1) 絵は，ある戦争が始まる前の，朝鮮，清，ロシア，日本の4か国の関係を表したものです。①〜④は，それぞれどこの国を示していますか。

①（　　　　　） ②（　　　　　）

③（　　　　　） ④（　　　　　）

(2) 絵の関係ののちに起こった，ある戦争の名前を書きましょう。

（　　　　　　　　　）

2 次の文の（　　）の中から，正しい方を選んで○で囲みましょう。

　朝鮮をめぐる（ 清　ロシア ）との戦争に勝った日本は，植民地と多額の（ 戦費　賠償金 ）を得ました。やがて満州や朝鮮など東アジアをねらっていた（ 清　ロシア ）と対立し，戦争が起こりました。日本はこの戦争にも勝ち，樺太〔サハリン〕の南部や満州の鉄道などを得ました。また，（ 朝鮮〔韓国〕　台湾 ）を日本の勢力下に置くことを認めさせましたが，賠償金は得られず，多額の戦費に苦しんだ国民の不満が高まりました。日本海海戦での（ 西郷隆盛　東郷平八郎 ）らの活やくと，日本の勝利は，欧米諸国に日本の力を認めさせることにつながりました。

69 世界に歩み出した日本
韓国併合と生活の変化

理解

▶▶▶ 答えは別冊18ページ

①～⑩：1問10点

点数　　　　　　点

！覚えよう！

次の□□にあてはまる言葉や数字を書きましょう。

・1905年に日露戦争（にちろ）に勝ち，朝鮮〔韓国〕（ちょうせん　かんこく）での勢力を認めさせた（みと）日本は1910年，韓国を ① □□□□ し，植民地にしました。

・こうした背景（はいけい）には，国際社会で日本が力を認められたことがあります。1911年には外務大臣の ② □□□□□□ が ③ □□□□□権（けん）を回復し，残っていた不平等条約の改正に成功しました。また，1914年にヨーロッパで ④ □□□□□□□□ が始まると日本も参戦し，戦勝国の1つとなりました。

・清（しん），ロシアとの戦争のころに産業が発達した日本では，⑤ □□□□□□ 銅山（どうざん）の鉱毒や労働条件などが問題になりました。また，輸出が増えて好景気をむかえた ④ の終わりごろ，⑥ □□□□□ の値段（ねだん）が急に高くなると生活不安が広がり，民衆運動（みんしゅう）が活発になりました。これは ⑦ □□□□主義 の意識の高まりにつながりました。

・やがて普通選挙（ふつう）の実現を求める運動がさかんになり，1925年には ⑧ □□□オ 以上のすべての ⑨ □□□□□ に選挙権があたえられました。

・1923年には，関東地方南部（かんとう）で ⑩ □□□□□□ が起こり，大きな混乱（こんらん）を招きました。

世界に歩み出した日本
韓国併合と生活の変化

練 習

▶▶▶ 答えは別冊19ページ

答えは別冊19ページ

点数

点

1 (1)1問20点 (2)(3)1問10点 **2** 1つ10点

1 右の年表を見て，次の問題に答えましょう。

(1) 年表の □□□ にあてはまる
言葉を書きましょう。

⑦（ 　　　　　　 ）

④（ 　　　　　　 ）

⑦（ 　　　　　　 ）

年	主なできごと
1910	⑦ を併合する
1911	条約改正が達成される……①
1914	④ に参戦する
1923	関東地方で ⑦ が起こる
1925	普通選挙法が制定される…②

(2) ①について，正しい方に◯をつけましょう。

（　　）関税自主権を回復した。　（　　）領事裁判権をなくした。

(3) ②について，このとき選挙権をあたえられたのは，どのような人
たちですか。正しいもの1つに◯をつけましょう。

（　　）20才以上の男女　　（　　）20才以上の男子

（　　）25才以上の男女　　（　　）25才以上の男子

◇ チャレンジ ◇

2 第一次世界大戦後の日本の社会の様子として，正しいもの2つに◯を
つけましょう。

（　　）戦勝国の1つとなり，中国でのドイツの権益を手に入れた。

（　　）国民の間に民主主義の意識が高まり，労働運動や女性運動
などが起こった。

（　　）南樺太や満州の鉄道などを得た。

（　　）製糸・紡績業を中心とする軽工業がさかんになった。

長く続いた戦争と人々のくらし
日中戦争と太平洋戦争

理解

▶▶▶ 答えは別冊19ページ　点数

①〜⑩：1問10点

点

！覚えよう！

次の□□にあてはまる言葉を書きましょう。

・1931年，満州（まんしゅう）にいた日本軍と中国（ちゅうごく）軍がしょうとつし，日本が満州
　を占領（せんりょう）しました。この事件を ① □□□□□ といいます。

・1932年，日本は満州を ② □□□□□ として独立させました。
　しかし， ③ □□□□□ がこれを認（みと）めなかったため，日本は
　1933年には □③□ を脱退（だったい）し，国際的な孤立（こりつ）を深めていきました。

・1937年，日本軍と中国軍がペキン(北京)郊外（こうがい）でしょうとつしたの
　をきっかけに， ④ □□□□ 戦争 が始まりました。

・このころ，ヨーロッパでは ⑤ □□□□□ が周辺の国々を侵略（しんりゃく）し
　たのをきっかけに， ⑥ □□□□□ が始まりました。

・日本は， ⑦ □□□□ などの燃料や資（し）
　源を求めて， ⑧ □□□□ アジアに進
　出しました。また， □⑤□ や
　⑨ □□□□□ と軍事同盟（どうめい）を結ん
　でアジアの広い地域（ちいき）を支配しよう
　としたため，アメリカやイギリス
　と対立するようになりました。

戦場となった地域

ソビエト連邦（れんぽう）　アッツ島
満州国　日本
中国
ビルマ
フィリピン　サイパン島

□ 日本軍が最も
　広がった線

・1941年12月，日本はハワイの真珠湾（しんじゅわん）にあったアメリカの軍港や
　マレー半島のイギリス軍を攻撃（こうげき）しました。これにより太平洋（たいへいよう）や東
　南アジアを戦場にして戦う ⑩ □□□□□ 戦争 が始まりました。

72

長く続いた戦争と人々のくらし
日中戦争と太平洋戦争

▶▶▶ 答えは別冊19ページ

点

1 (1)20点 (2)10点 (3)20点 **2** 1つ10点

1 右の地図を見て，次の問題に答えましょう。

(1) 地図の⑦にあてはまる国の名前を書きましょう。

（　　　　　　　）

1940年ごろの中国と日本

ペキン（北京）
朝鮮
日本
中国
ナンキン（南京）
チョンチン（重慶）
ホンコン（香港）
ハノイ　マカオ　台湾

(2) ⑦の国に対する国際社会の対応について，正しい方に○をつけましょう。

（　　）国際連盟で認められた。

（　　）国際連盟では認められなかった。

(3) 日本軍と中国軍がしょうとつし，日中戦争のきっかけとなった事件が起こった都市を，地図の中から選んで書きましょう。

（　　　　　　　）

2 次の文の（　　）の中から，正しい方を選んで○で囲みましょう。

昭和の初め，世界中の不景気は日本にもおよび，国民のくらしは苦しくなりました。日本は（ 満州　韓国 ）の占領で不景気は回復すると考え，ここに新しい国をつくりました。また，資源の少ない日本は（ 石油　工業製品 ）を求めて（ 東南アジア　アメリカ ）への進出をはかりました。そのため，（ ドイツ　アメリカ ）との対立が深まり，（ 太平洋戦争　第二次世界大戦 ）が始まりました。

73 長く続いた戦争と人々のくらし
戦争中の生活と原爆の投下

理 解

▶▶▶ 答えは別冊19ページ 点数

①〜⑩：1問10点

点

！覚えよう！

次の □ にあてはまる言葉を書きましょう。

・日中戦争，太平洋戦争が長引くと，政府は ① [____] 体制を強め，

「② [____] はできないはずだ！」などの標語をかかげて，

戦争への協力をよびかけました。

・戦争が進むにつれ，米や野菜，衣類などが ③ [____] 制になりました。④ [____] が激しくなると，都市部の小学生たちは地方に集団で ⑤ [____] しました。

★考えよう★

次の □ にあてはまる地名を，右の地図から選んで書きましょう。
⑩にはあてはまる数字を書きましょう。

・1945年3月10日，⑥ [____] は大規模な空襲を受けて，住宅地まで爆撃されました。

・1945年4月になると，⑦ [____] 島にアメリカ軍が上陸し，激しい地上戦が始まりました。

・アメリカ軍は，1945年8月6日に ⑧ [____] に，8月9日には ⑨ [____] に原子爆弾（原爆）を投下し，数十万人の命をうばいました。

・⑩ [____] 年 [__] 月 [__] 日，日本が降伏して太平洋戦争は終わりました。

長く続いた戦争と人々のくらし
戦争中の生活と原爆の投下

▶▶▶ 答えは別冊20ページ

点数

点

1 1問10点　2 (1)1問10点　(2)1つ20点

1 戦争中の様子を表した(1)～(3)の文は，どのような動きに結びつきましたか。⑦～⑨から1つずつ選んで記号を書きましょう。

(1) 空襲（くうしゅう）が激（はげ）しくなり，都市での生活がむずかしくなりました。

(2) 米や野菜，衣類などが，品不足になりました。

(3) 兵隊として出征（しゅっせい）する人が多くなり，労働力不足になりました。

⑦	中学生が工場などで働く。
⑦	小学生が集団で地方へ疎開（そかい）する。
⑨	配給制となる。

(1) (　　　)　(2) (　　　)　(3) (　　　)

2 右の1945年の年表を見て，次の問題に答えましょう。

(1) 年表の(　)にあてはまる都市の名前を書きましょう。

　⑦ (　　　　　　　　)

　⑦ (　　　　　　　　)

　⑨ (　　　　　　　　)

月	日	主なできごと
3	10	(⑦)大空襲が起こる
4		①
8	6	(⑦)に原爆（げんばく）投下
	8	ソ連が満州（まんしゅう）に侵入（しんにゅう）する
	9	(⑨)に原爆投下
	15	②

(2) 年表の □ にあてはまるものを1つずつ選んで，(　　)に①，②を書きましょう。

(　　)日本が降伏（こうふく）して，戦争が終わった。

(　　)アメリカ軍が沖縄島（おきなわじま）に上陸して，地上戦が始まった。

(　　)太平洋（たいへいよう）戦争が始まり，戦時体制が強まった。

75 明治の国づくりを進めた人々，世界に歩み出した日本，長く続いた戦争と人々のくらしのまとめ

▶▶▶ 答えは別冊20ページ

1 (1)1問10点 (2)〜(4)1問10点

1 **右の年表を見て，次の問題に答えましょう。**

(1) 年表の中の（　）にあてはまる人物の名前を書きましょう。

⑦（　　　　　）

⑦（　　　　　）

⑦（　　　　　）

⑦（　　　　　）

⑦（　　　　　）

⑦（　　　　　）

⑦（　　　　　）

年	主なできごと
1853	(⑦)が浦賀に来航する
1868	明治維新が始まる……………①
1872	(⑦)が「学問のすゝめ」を出版する
1877	(⑦)が西南戦争に敗れる
1881	(⑦)が自由党を結成する
1882	(⑦)が立憲改進党を結成する
1885	(⑦)が初代内閣総理大臣に就任する
1889	大日本帝国憲法発布…………②
1905	(⑦)が「吾輩は猫である」を発表する
1911	関税自主権が回復される……③

(2) ①で，政府の財政を安定させるために行われた政策を何といいますか。

（　　　　　　　　　　　　　　　）

(3) ②の憲法では，だれが主権者とされましたか。

（　　　　　　　　　　　　　　　）

(4) ③を達成した外務大臣はだれですか。正しい方に◯をつけましょう。

（　　）陸奥宗光

（　　）小村寿太郎

76

明治の国づくりを進めた人々，世界に歩み出した日本，
長く続いた戦争と人々のくらしのまとめ

歴史人物 セリフ完成クイズ

▶▶▶ 答えは別冊20ページ

☆ ☆ ☆ ☆ ☆ ☆ ☆ ☆ ☆ ☆ ☆ ☆ ☆ ☆ ☆

5つの絵の人物にあてはまることを，下の ア ～ カ から1つずつ
選んでみましょう。1つだけ余分なものがあるから，注意してね。

1
板垣退助（いたがきたいすけ）

2
小村寿太郎（こむらじゅたろう）

3
大隈重信（おおくましげのぶ）

4
陸奥宗光（むつむねみつ）

5  オ
明治天皇（めいじてんのう）

カ
- ポーツマス条約を結び，
日露（にちろ）戦争を終わらせた。
- 関税自主権（かんぜいじしゅけん）の回復に力を
つくした。

イ
- ドイツの憲法（けんぽう）を参考にし
て日本に合った憲法の草（そう）
案（あん）をつくった。
- 初代の内閣総理大臣。

オ
- 五箇条（ごかじょう）の御誓文（ごせいもん）を定め，
政治の基本方針（ほうしん）を示した。
- 大日本帝国（ていこく）憲法を発布（はっぷ）した。

ア
- イギリスとの間に領事（りょうじ）
裁判権（さいばんけん）をなくすことに
成功した外務大臣。
- 日清（にっしん）戦争のころに活や
くした。

ウ
- 明治維新（いしん）で活やくしたが，
議会の開設を主張して
自由民権（じゆうみんけん）運動を進めた。
- 自由党（じゆうとう）を結成。

エ
- 立憲改進党（りっけんかいしんとう）を結成。
- のちに内閣総理大臣を
つとめた。

77 新しい日本，平和な日本へ
戦後改革と朝鮮戦争

▶▶▶ 答えは別冊20ページ ★点数★

①〜⑩：1問10点

点

!覚えよう!

次の ◻ にあてはまる言葉を書きましょう。

・太平洋戦争の敗戦で，日本はアメリカを中心とする ① [   ] 軍 に占領され，民主主義国家を目指して戦後改革が行われました。

・戦後改革の1つとして，② [   ] にも参政権を保障する選挙制度 がつくられました。また，小作農家が自分の土地をもてるようにし た ③ [   ] が始まり，労働者の権利も認められました。

・1946年11月3日には，国民主権・④ [   ]・基本的人権 の尊重を三原則とする ⑤ [   ] が公布され，翌年5月3日 に施行されました。

・第二次世界大戦後，国際社会の平和を守るためにつくられた国際組 織を ⑥ [   ] といいます。

・アメリカとソ連の対立は深まり，1950年には ⑦ [   ] 半島で ⑦ 戦争が起こりました。

・1951年，日本は48か国と ⑧ [   ] 平 和条約を結んで翌年に独立を回復しました。また， アメリカとは安全保障条約も結びました。

・1960年ごろの日本は産業が発達し，⑨ [   ] の 神器とよばれる白黒テレビ・⑩ [   ]・ 電気洗濯機が急速に家庭に広まりました。

白黒テレビ

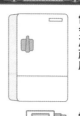
電気冷蔵庫

電気洗濯機

78 新しい日本，平和な日本へ
戦後改革と朝鮮戦争

練習

▶▶▶ 答えは別冊21ページ

点数

点

1 (1)1問10点 (2)(3)1問20点　2 全部できて30点

1 右の年表を見て，次の問題に答えましょう。

(1) 年表の（　）にあてはまる言葉
を書きましょう。

⑦（　　　　　　　　　）

⑦（　　　　　　　　　）

⑦（　　　　　　　　　）

年	主なできごと
1945	（　⑦　）が民主化の指示を出す……………①
1946	（　⑦　）が公布される②
1950	朝鮮戦争が起こる……③
1951	48か国と平和条約を結ぶ……………④
1956	日本が（　⑦　）への加盟を認められる…………⑤

(2) 年表の①の1つとして選挙制度が改正されました。これにより，
選挙権があたえられたのはどのような人たちですか。正しいもの
1つに◯をつけましょう。

（　　）20才以上の男女　　（　　）20才以上の男子

（　　）25才以上の男女　　（　　）25才以上の男子

(3) 日本とアメリカが安全保障条約を結んだのは，①〜⑤のいつですか。

（　　　　　　　　　）

**2 左の日本国憲法の基本原則と，右の説明を正しく組み合わせて，線
で結びましょう。**

国民主権　　　　　・　　　・戦力をもたず戦争をしない。

基本的人権の尊重・　　　・国の政治の方針を決める権利は国民に
ある。

平和主義　　　　　・　　　・自由で平等に人間らしく生きる権利を
大切にする。

79 新しい日本，平和な日本へ
高度経済成長とこれからの日本

▶▶▶ 答えは別冊21ページ

①～⑥：1問10点　⑦～⑧：1問20点

！覚えよう！

次の◻️にあてはまる言葉を書きましょう。

・1960年ごろから，日本経済（けいざい）が急激（きゅうげき）に成長したことを，

　① _____ といいます。

・1964年，アジアで初めての第18回 ② _____ ，

　第2回パラリンピックが東京（とうきょう）で開かれ，これにあわせて東京・大阪（おおさか）

　間に ③ _____ が開業しました。

・経済は成長を続け，1968年には日本の ④ _____ 額 が

　アメリカに次いで世界2位となりました。

・国民の生活も大きく変化し，カー・⑤ _____ ・カラーテレ

　ビの頭（かしら）文字をとった ⑥ _____ が，急速に広まりました。

★考えよう★

右の図を見て，次の◻️にあてはまる言葉を書きましょう。

・⑦は現在のロシアです。1956年に国

　交を回復しましたが，⑦ _____ 領土（りょうど）

　の返還（へんかん）問題が残されたままです。

・⑦は中華人民共和国（ちゅうかじんみんきょうわこく）です。1978年に

　⑧ _____ 条約 を結びま

　した。

新しい日本，平和な日本へ
高度経済成長とこれからの日本

▶▶▶ 答えは別冊21ページ

★ 点数 ★

点

1 (1)1問20点 (2)10点 (3)1つ10点 **2** 全部できて30点

1 右の年表を見て，次の問題に答えましょう。

(1) 年表の（　）にあてはまる国の名前を書きましょう。

　⑦（　　　　　　　　　）

　⑦（　　　　　　　　　）

年	主なできごと
1956	（⑦）と国交を回復する
1960	政府が国民所得倍増計画を発表する…………………①
1964	（　　　　　　　）
1972	（⑦）と国交を正常化する
1978	（⑦）と平和友好条約を結ぶ

(2) 年表の①のころから見られる，日本経済の急激（けいざい きゅうげき）な成長を何といいますか。　（　　　　　　　　　　　　）

(3) 年表の　　　　　にあてはまるもの2つに○をつけましょう。

　（　　）東海道新幹線（とうかいどう）の開業　　　（　　）札幌（さっぽろ）オリンピックの開催（かいさい）

　（　　）東北新幹線（とうほく）の開業　　　（　　）東京（とうきょう）オリンピックの開催

◆ チャレンジ ◆

2 三種の神器（さんしゅ じんぎ）〔白黒テレビ・電気冷蔵庫（れいぞうこ）・電気洗濯機（せんたくき）〕と3C（シー）のふきゅうの様子を表した下のグラフから，3Cにあたるものをすべて選んで，記号で答えましょう。　（　　　　　　　　　　）

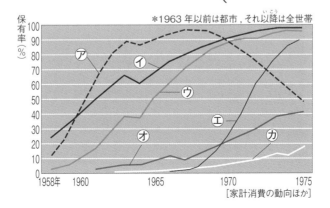

[家計消費の動向ほか]

新しい日本，平和な日本へのまとめ

▶▶▶ 答えは別冊21ページ

1 (1)1問10点 (2)～(5)1問10点 (6)20点

点数 ★

点

1 右の年表を見て，次の問題に答えましょう。

(1) 年表の(　)にあてはまる
言葉を書きましょう。

⑦(　　　　　　　　)

⑦(　　　　　　　　)

⑦(　　　　　　　　)

⑦(　　　　　　　　)

年	主なできごと
1945	戦後の民主化が始まる………①
1946	日本国憲法が公布される
1950	(⑦)戦争が起こる
1951	(⑦)と安全保障条約を結ぶ…②
1955	このころから(⑦)が始まる
1964	東海道新幹線が開業する……③
1972	中国との(⑦)が正常化する…④

(2) ①について，小作農家が自分の土地をもてるようになった改革を
何といいますか。

(　　　　　　　　　　)

(3) ①について，選挙権は何才以上の男女にあたえられましたか。

(　　　　　　　オ)

(4) ②と同じ日に48か国と結んだ条約を何といいますか。

(　　　　　　条約)

(5) ③と同じ年に東京で開かれた世界的なイベントを何といいますか。

(　　　　　　　　　　)

(6) 日本が主権を回復したのは，①～④のどのときですか。

(　　　　)

▶▶▶ 答えは別冊22ページ

82 新しい日本，平和な日本へのまとめ
完成！ パーフェクトあ・み・だ

同じころに急速に家庭に広まった家庭用電化製品が示されています。それぞれが正しく組み合わさるように，「あみだ」に棒を2本追加して，くじを完成してください。

白黒テレビ

DVDレコーダー

クーラー

自動車

うす型テレビ

電気洗濯機（せんたくき）

デジタルカメラ

2000年代
デジタル家電三種（さんしゅ）の神器（じんぎ）

1950年代
三種の神器

電気冷蔵庫（れいぞうこ）

カラーテレビ

1960年代〜70年代
3C（シー）

83 日本とつながりの深い国々
アメリカと日本

▶▶▶ 答えは別冊22ページ

①～⑤:1問12点　⑥～⑨:1問10点

！覚えよう！

次の □ にあてはまる言葉を書きましょう。

・アメリカ(アメリカ合衆国(がっしゅうこく))の首都は ① □ です。

・アメリカでは,たくさんの人種や ② □ がくらし,学校でもいっしょに学んでいます。

・アメリカの国土の西部には, ③ □ 山脈 が南北に走っています。

・情報などが国境をこえて世界規模(き ぼ)で動く ④ □ 化 が進み,アメリカは世界に大きなえいきょうをおよぼしています。

・アメリカの農業では,広大な土地を使って大規模な農業を行うので,種や農薬をまくのに ⑤ □ を利用することもあります。

・工業では, 宇宙船(う ちゅうせん)など ⑥ □ の研究の面で世界有数の国です。

・機械産業やパソコン技術などの ⑦ □ 関連産業では外国からアメリカへ技術者が集まっています。

・アメリカは, 日本にとって輸出入がさかんであり, 重要な ⑧ □ 相手国です。

・アメリカなど, さまざまな人々が集まって共存(きょうそん)しようとする社会を ⑨ □ 社会 とよびます。

84 日本とつながりの深い国々
アメリカと日本

練習

▶▶▶ 答えは別冊22ページ

1 1問20点　**2** 1つ10点

点数

点

1 右の地図を見て，次の問題に答えましょう。

(1) ⑦の山脈の名前を書きましょう。

（　　　　　　　　　　）

(2) アメリカの首都を，地図中の都市から選びましょう。

（　　　　　　　　　　）

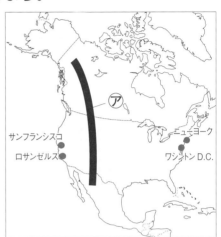

サンフランシスコ
ロサンゼルス
ニューヨーク
ワシントン D.C.

(3) アメリカの小学校の様子で，正しい方に○をつけましょう。

（　　）人種や民族によって，クラスが分かれている。

（　　）さまざまな人種や民族の子どもたちがいっしょに学んでいる。

2 次の文の（　　）の中から，正しい方を1つ選んで○で囲みましょう。

　アメリカでは（　広い　せまい　）土地を使って大規模な農業を行っています。工業では（　せんい　コンピューター　）関連産業がさかんでアメリカに技術者が集まっています。

　また，文化の面でもアメリカの映画や音楽は世界で人気があり，（　野球　サッカー　）のメジャーリーグに世界から選手が集まるなどしています。アメリカでは家族や親せきが（　ハロウィン　春節　）の日に集まって過ごします。この日には，子どもが好きな仮装をします。

日本とつながりの深い国々
中国，韓国と日本

理 解

▶▶▶ 答えは別冊22ページ ★ 点数

①～⑩：1問10点

点

！覚えよう！

次の ___ にあてはまる言葉を書きましょう。

◆中国(① _____)の首都は② _____ で

す。人口は約14億人，50以上の民族がくらしています。

・③ _____ の長城は，世界文化遺産に登録されています。

・中国では，急速に経済が発展してきました。沿岸部の④ _____ 特

区とよばれる地区には，日本の企業も多く進出しています。また，

④ ___ 特区の一つであるシェンチェンは最先端技術が取り入れられ

て⑤ _____ 特区やスマートシティとよばれています。

・中国は，日本にとって重要な⑥ _____ 相手国の1つであり，2023

年現在，最大の輸入相手国であり，輸出相手国です。

◆韓国(大韓民国)の首都は⑦ _____ です。

・韓国では，冬になると伝統的な漬物である⑧ _____ づくり

が行われます。韓国の主食は米で，農業は米づくりが中心です。

・韓国の学校ではＩＣＴを多く活用しています。

・韓国で生まれたスポーツで，オリンピックの種目にもなった

⑨ _____ は，韓国の国技です。

◆中国と韓国の間には，⑩ _____ (朝鮮民主主義人民共和国)が

あります。

86 日本とつながりの深い国々
中国，韓国と日本

練 習

▶▶▶ 答えは別冊23ページ

★ 点数 ★

点

1 (1)1問10点 (2)1問10点 (3)(4)1問10点 **2** 1つ10点

1 右の地図を見て，次の問題に答えましょう。

(1) ⑦～⑨の国の正式な名前を，書きましょう。

⑦ (　　　　　　　　　　)

⑦ (　　　　　　　　　　)

⑨ (　　　　　　　　　　)

(2) ⑦の国と⑨の国の首都の名前を，カタカナで書きましょう。

⑦ (　　　　　　　) ⑨ (　　　　　　　　　)

(3) ⑦の国に［　　　　］で示したシェンチェンなどの地区には，税金や貿易の面で優遇されている場所があるため，外国の企業が多く進出しています。この地区を何といいますか。

(　　　　　　　　　　　)

(4) ⑦・⑨の国でさかんに食べられていて，⑨の国の農業の中心になっているもの1つに，○をつけましょう。

(　　)米　　　(　　)いも　　　(　　)とうもろこし

2 次の中から，中国から日本へ伝わったもの3つに，○をつけましょう。

(　　)お茶　　　(　　)キムチ　　　(　　)コーヒー

(　　)漢字　　　(　　)自動車　　　(　　)ギョーザ

87 日本とつながりの深い国々
フランス，ブラジルと日本

理解

▶▶▶ 答えは別冊23ページ

①〜⑩：1問10点

点数

点

!覚えよう!

次の□□□にあてはまる言葉を書きましょう。

◆フランスは大西洋と地中海に面していて，首都は①_____です。

・フランスは農業がさかんで，消費される食料のほとんどを国内でまかない，パンの原料の②_____や大麦，牛の乳（ちち）を加工した③_____やバター，ワインなどは多く輸出されています。

・④_____との国境付近にあるアルザス地方の民族衣装（いしょう）が有名で，お祭りのときに見られます。

・また，ルーブル美術館などに多くの⑤_____客が訪（おとず）れます。

◆ブラジルは南半球に位置し，首都は，⑥_____で，アマゾン川が流れる世界最大の熱帯林が広がっています。

・ブラジルのカーニバルは，もともとその土地に住んでいた人々である⑦_____や移民の文化などがゆう合したものです。

・ブラジルには，日本にルーツをもつ⑧_____人も多く住んでいます。

・ブラジルは鉄分の割合（わりあい）が多い⑨_____を産出し，日本にも輸出しています。また，コーヒー豆や肉牛の輸出量が多い国です。

・⑩_____（公正な貿易という意味）のコーヒーも増えてきています。また，さとうきびを原料としたバイオエタノールが燃料として多く使われています。

88 日本とつながりの深い国々
フランス，ブラジルと日本

練習

▶▶▶ 答えは別冊23ページ

★点数★

点

1 (1)(2)1問15点 (3)1つ15点　2 (1)(2)1問10点 (3)1つ10点

1 右の地図を見て，次の問題に答えましょう。

(1) ⑦の海を何といいますか。

（　　　　　　　　　）

(2) 民族衣装（いしょう）が有名な④の地方を何といいますか。

（　　　　　　　地方）

(3) フランスで特にさかんな産業2つに○をつけましょう。

（　　）鉱業　　（　　）農業

（　　）漁業　　（　　）観光業

（　　）コンピューター産業

2 右の地図を見て，次の問題に答えましょう。

(1) ⑰のブラジルの首都を何といいますか。

（　　　　　　　　　）

(2) 熱帯林を流れる①の川を何といいますか。

（　　　　　　川）

(3) ブラジルで多く使用されている燃料を何といいますか。また，ブラジルで使われているその燃料の原料は何ですか。

燃料（　　　　　　　　　）　　原料（　　　　　　　）

89 世界の未来と日本の役割
国際社会

▶▶▶ 答えは別冊23ページ

①〜⑩：1問10点

点数

点

!覚えよう!

次の ☐ にあてはまる言葉を書きましょう。

◆世界の課題を解決するため，① ☐ （持続可能な開発目標）が定められました。

◆世界の平和と安全を守り，人々のくらしをよりよいものにするために，1945年に生まれた国際組織を，② ☐ といいます。

・③ ☐ は，② の教育科学文化機関のことで，教育や文化に関する取り組みをしています。

・また，④ ☐ は ② の児童基金に関する機関のことで，厳しいくらしをしている子どもたちのためにつくられました。

◆⑤地球 ☐ による海面の上昇などの解決に向け，2015年に温室効果ガスの削減目標を定めたパリ協定が結ばれました。

◆⑥ ☐ 協力隊は，日本の⑦ ☐ （政府開発援助）の海外活動の1つです。

◆⑧ ☐ とは非政府組織の略称で，各国政府や ② から独立して活動している民間の団体です。

◆オリンピックで金メダルを取ると，⑨ ☐ がかかげられ，⑩ ☐ が演奏されます。それらは，国のまとまりを示す「しるし」だからです。

世界の未来と日本の役割
国際社会

▶▶▶ 答えは別冊24ページ

1 1つ15点 **2** (1)15点 (2)10点

1 国際連合と日本の役割について，次のそれぞれの文の（　）の中から，正しい方を1つ選んで○で囲みましょう。

(1) 国際平和を目指して第二次世界大戦後の1945年，アメリカ合衆国のニューヨークを本部に結成された（ 国際連盟　国際連合 ）には，さまざまな活動をするいくつかの機関があります。たとえば（ ユネスコ　ユニセフ ）は，戦争や飢えなどで厳しいくらしを送っている子どもたちを助けることを目的としています。また，（ ユネスコ　ユニセフ ）は，教育，科学，文化の面での協力と交流を通じて平和な社会をつくることを目的としています。

(2) 青年海外協力隊は，日本の（ ＯＤＡ　ＮＧＯ ）の海外援助活動の1つです。自分がもっている知識や技術を，アジアや（ ヨーロッパ　アフリカ ）などの発展途上の地域へ伝えようと活動しています。

2 地球の環境問題について，次の問題に答えましょう。

(1) 温室効果ガスが原因で，海水面の上昇を引き起こすおそれがあるものとして，正しい方に○をつけましょう。
（　　）地球温暖化　　　　　（　　）砂漠化

(2) 2015年に，温室効果ガスを削減する目標を定めた，国連気候変動枠組条約締約国会議が行われた都市1つに，○をつけましょう。
（　　）釧路　　　（　　）パリ　　　（　　）京都

91 日本とつながりの深い国々，世界の未来と日本の役割のまとめ

▶▶▶ 答えは別冊24ページ

1 (1)1問10点　(2)〜(5)1問15点

1 右の地図を見て，次の問題に答えましょう。

(1) ⑦〜①の国の名前を書きましょう。

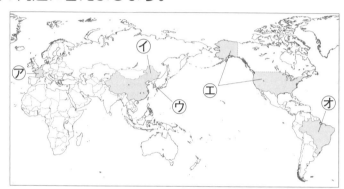

⑦ (　　　　　　　　　) ⑦ (　　　　　　　　　)

⑦ (　　　　　　　　　) ① (　　　　　　　　　)

(2) ⑦の国のシェンチェンには，外国企業が多く進出しています。この都市のような税金や貿易などで優遇されている地区を何といいますか。

(　　　　　　　　　)

(3) ⑦の国について，正しい方に○をつけましょう。

(　　　)ハングルという，独自の文字を使っている。

(　　　)バターやワインなどを多く輸出している。

(4) ①の国のニューヨークに本部がある，世界の平和と安全を守るために設立された国際機関を何といいますか。

(　　　　　　　　　)

(5) ⑦の国で多く生産している農産物に，○をつけましょう。

(　　　)コーヒー豆　　(　　　)大麦　　(　　　)米

92

日本とつながりの深い国々，世界の未来と日本の役割のまとめ

言葉あてクイズ

▶▶▶ 答えは別冊24ページ

先生が，黒板に穴あきの言葉を書きました。6つのカギを1つ1つひらがなで答え，カギに指示した位置にある文字を黒板の穴あきに入れてみましょう。いくつ目のカギで先生が書いた言葉をあてることができたかな？

□く□□れ□ご□

3 1 6 2 4 5

◯月×日（月）

日直 鈴木 佐藤

> 1〜6のカギに答えて，指定された文字を入れていこう。

1のカギ

造船業がさかんで，最近は家庭用電化製品や自動車産業のやくしんが目立つ国。8文字か4文字で，いずれも最後にくる文字をひらがなで入れるよ。

だいかんみんこ く ／ かんこ く

2のカギ

日本にルーツをもつ，日本から移住した人またはその子孫で，ブラジルやハワイに多くいる。6文字で4番目にくる文字をひらがなで入れるよ。

3のカギ

世界自然遺産や世界文化遺産にかかわる組織。4文字で最後にくる文字をひらがなで入れるよ。

4のカギ

アメリカの首都はどこ？ 5番目にくる文字をひらがなで入れるよ。

5のカギ

中国は日本にとって最大の貿易相手国。日本が外国からものを買い入れる貿易を何といいますか。4文字で最後にくる文字をひらがなで入れるよ。

6のカギ

大気汚染のえいきょうで，酸化した雨を何といいますか？ 5文字で最初にくる文字をひらがなで入れるよ。

答えとおうちのかた手引き

1 日本国憲法のなりたち 日本国憲法 【理解】

▶▶▶ 本冊4ページ

覚えよう ①条例 ②日本国憲法
③基本的人権（の尊重） ④国民（主権）
⑤平和（主義） ⑥戦争
★ **考えよう** ★ ⑦ユニバーサル ⑧目

ポイント

ある都道府県や市（区）町村の中だけで決めている守るべききまりを条例といいます。現在では、すべての人にとって使いやすい機能をもった「ユニバーサルデザインのまちづくり」を条例で定めている市（区）町村もあります。

2 日本国憲法のなりたち 日本国憲法 【練習】

▶▶▶ 本冊5ページ

1 (1)（順に）ユニバーサル、
壁についた手すり、もちやすい形のペン
(2)（ ）憲法 （○）条例
（ ）法律 （ ）条約

2 基本的人権の尊重 —— 人が人間として当然もっている権利は認められなければならないということ。

平和主義 —— 二度と戦争をしないということ。

国民主権 —— 国の政治のあり方を最終的に決めるのは、国民であるということ。

ポイント

2 日本国憲法の三つの原則は、必ず覚えておきましょう。

3 日本国憲法のなりたち 国民主権 【理解】

▶▶▶ 本冊6ページ

覚えよう ①国民 ②選挙 ③参政（権）
④国民（投票） ⑤天皇 ⑥内閣
★ **考えよう** ★ ⑦国会 ⑧衆議院

ポイント

国の政治の方針を決めるのは国民であるということを、国民主権といいます。国民は、国会議員を選挙で選ぶことによって、国の政治に参加しているといえます。また、憲法改正に関する国民投票や、最高裁判所の裁判官が適しているかどうかを判断する国民審査もまた、国民が政治に参加する機会なのです。

4 日本国憲法のなりたち 国民主権 【練習】

▶▶▶ 本冊7ページ

1 (1)参政権 (2)①投票 ②審査
2 (1)象徴
(2)（ ）国会 （○）内閣 （ ）裁判所
(3)（○）法律を公布すること。
（ ）国務大臣を任命すること。
（○）衆議院を解散すること。
（ ）外国と条約を結ぶこと。
（ ）法律をつくること。
（○）勲章などを授与すること。

ポイント

2 (2)天皇の国事行為に助言と承認を行うのは、内閣の仕事です。
(3)国務大臣を任命することは、内閣総理大臣の仕事、外国と条約を結ぶことは、内閣の仕事です。また、法律をつくることは国会の仕事です。

5 日本国憲法のなりたち —— 理解
基本的人権の尊重
▶▶▶ 本冊8ページ

覚えよう ①基本的人権 ②教育 ③働く
④税金

★考えよう★ ⑤平等 ⑥生存（権） ⑦学問
⑧働く ⑨団結 ⑩参政（権）

ポイント

人が人間として当然もっている権利を，基本的人権といいます。日本国憲法は，生存権や参政権など，さまざまな権利を国民の権利として保障しています。また，憲法は，子どもに教育を受けさせる義務，仕事について働く義務，税金を納める義務を，国民が果たさなければならない義務として定めています。

 6 日本国憲法のなりたち —— 練習
基本的人権の尊重
▶▶▶ 本冊9ページ

1

働く人が団結する　　個人の尊重，　　思想や学問，信教
権利　　　　　　　　法の下の平等　　の自由

2 （順に）基本的人権，生存，働く，
教育を受ける，職業，税金を納める，教育

ポイント

1 (1)「男子に限ります」は，憲法で保障された法の下の平等に反しています。
(2)「ストライキ」は，働く人の権利です。これは憲法で保障された権利です。
(3)「キリスト教」に限らず，特定の宗教を信仰することは，信教の自由として憲法で保障されています。
2 仕事について働くことは，国民にとって権利であり，義務でもあります。

 7 日本国憲法のなりたち —— 理解
平和主義
▶▶▶ 本冊10ページ

覚えよう ①平和（主義） ②前文 ③長崎
④もた ⑤つくら ⑥もちこませ
⑦非核（三原則）

★考えよう★ ⑧戦争 ⑨戦力

ポイント

日本国憲法の基本原則のうち，二度と戦争は行わないという原則を平和主義といいます。これは日本国憲法の前文と第9条に記されています。また，日本は太平洋戦争中に広島と長崎に原爆を投下された，世界でただ1つの被爆国であるということから，核兵器に対して，「核兵器をもたない，つくらない，もちこませない」という非核三原則にのっとっています。

 8 日本国憲法のなりたち —— 練習
平和主義
▶▶▶ 本冊11ページ

1 （1）(第) 9（条），基本原則…平和主義
（2）広島

2 （1）(○) 日本の政府　（ ）世界中の国々
（2）(○) 核兵器をもたない。
　（ ）核兵器を宣伝しない。
　（ ）核兵器を売らない。
　(○) 核兵器をつくらない。
　（ ）核兵器をもち出さない。
　(○) 核兵器をもちこませない。

ポイント

1 (1)日本国憲法の前文では，「日本国民は永久の平和をいのります。」ということが記されています。
2 (1)非核三原則は，日本が世界でただ1つの被爆国であるということから，日本政府が定めている原則です。

9 日本国憲法のなりたちのまとめ

▶▶▶ 本冊12ページ

1 (1)①平和主義 ②基本的人権の尊重
③国民主権
(2)非核三原則 (3)生存権
(4)㋐, ㋓（順不同）

ポイント

1 (3)このほかに，参政権や個人の尊重，法の下の平等など，さまざまな権利が日本国憲法で保障されています。8ページ下の表を，もう一度チェックしておきましょう。
(4)国民主権については，憲法改正に関しての国民投票もふくまれます。

10 日本国憲法のなりたちのまとめ

▶▶▶ 本冊13ページ

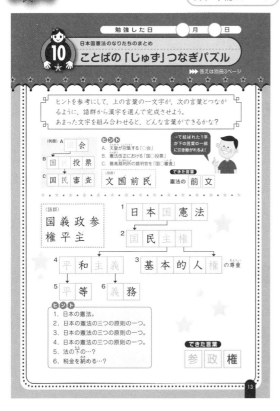

11 わたしたちのくらしと政治
国会の働き

理解

▶▶▶ 本冊14ページ

覚えよう ①国会 ②衆議院 ③18（才）
④選挙
★ 考えよう ★ ⑤内閣
⑥予算 ⑦法律（⑥と⑦は順不同） ⑧条約
⑨弾劾裁判所

ポイント

国の政治の方針を決めるのは国会です。国会は，衆議院と参議院という二つの議院で構成されています。これは，国の政治のあり方をしんちょうに決めるためです。

12 わたしたちのくらしと政治
国会の働き

練習

▶▶▶ 本冊15ページ

1 (1)①国会 ②内閣 (2)㋐
(3)(○) 18才以上の国民
( ) 25才以上の国民
2 (○) 内閣総理大臣を選ぶ。
(×) 国の予算案をつくる。
(○) 国の法律をつくる。
(×) 外国と条約を結ぶ。

ポイント

1 (1)①国会は，衆議院と参議院とで構成されています。②予算案をつくるのは内閣で，これを国会で話し合います。
(2)内閣を信任しないことを決めることができるのは，衆議院だけです。
2 国の予算案をつくることと，外国と条約を結ぶことは，いずれも内閣の仕事です。

13 わたしたちのくらしと政治 **理解**
内閣と裁判所の働き
▶▶▶ 本冊16ページ

 覚えよう ①内閣 ②内閣総理大臣
③文部科学（省） ④財務（省） ⑤宮内（庁）
⑥法律 ⑦3（回）
★ **考えよう** ★ ⑧立法（権） ⑨行政（権）
⑩司法（権）

ポイント

内閣は，国会が決めた予算や法律にもとづいて，実際の政治を行います。内閣の長を内閣総理大臣といい，首相ともよばれます。内閣の下には省や庁といった役所があり，担当するそれぞれの専門分野について，実際の仕事を進めています。
裁判所は大小さまざまな争いごとや犯罪が起きたときに，憲法や法律にもとづいて問題を解決する機関です。国民はだれでも裁判を受ける権利をもっていますが，裁判所以外で裁判を受けることはありません。

 14 わたしたちのくらしと政治 **練習**
内閣と裁判所の働き
▶▶▶ 本冊17ページ

1 文部科学省 ———— 皇室に関する仕事をする。

宮内庁 ———— 国土の整備や交通に関する仕事をする。

国土交通省 ———— 教育や文化などに関する仕事をする。

2 （1）（順に）立法，行政，司法
（2） 行政権 ———— 裁判を行う権力
　　 司法権 ———— 国の仕事を行う権力
（3）①内閣総理大臣 ②3

ポイント

1 現在の日本には，内閣の下に11省があって，それぞれが分担して専門的な仕事を行っています。
2 （1）漢字の意味を考えてみましょう。国会は「法律をつくる（立てる）」機関なので「立法権」，内閣は「政治を行う」機関なので「行政権」，裁判所は「法律を司る」機関なので「司法権」です。

 15 わたしたちのくらしと政治 **理解**
市役所・市議会の働き
▶▶▶ 本冊18ページ

覚えよう ①（市）役所 ②役場 ③法律
★ **考えよう** ★ ④住民 ⑤市議会 ⑥計画 ⑦国

ポイント

子育てに関する施設など，市（区）町村が住民のためにつくる公共施設ができるまでには，市役所〔都道府県庁・町村役場〕がつくった予算案・計画案をもとに，市町村議会〔都道府県議会〕での話し合いが行われます。ここでじゅうぶんに話し合いが行われたのちに，つくられるかどうかの決定がなされます。また，国の法律や方針にもとづいてどのような施設をつくるかが決められます。

 16 わたしたちのくらしと政治 **練習**
市役所・市議会の働き
▶▶▶ 本冊19ページ

1 （1）市議会
（2）意見書
（3）市（区）町村長，市（区）町村議会議員
（順不同）

2 （1）住民の願いをかなえるため，施設をつくるのに必要な予算案を作成する。
（2）住民の願いの内容や予算案，計画案を話し合い，施設をつくるかどうかを決定する。
（3）申請された補助が必要かどうかを話し合い，必要であれば補助をする。

ポイント

1 （1）住民はだれでも市議会を傍聴することができます。
2 補助を申請するのは市（区）町村の仕事です。申請された補助が必要かどうかを判断するのは，国や都道府県の仕事です。

わたしたちのくらしと政治
税金の働き

▶▶▶ 本冊20ページ

覚えよう ①税金 ②公共 ③消費（税）
④議会
★ **考えよう** ★⑤安全〔快適〕 ⑥警察 ⑦病院
⑧公共

ポイント

税金を納めることは，国民の義務です。お金を
かせいだり，財産をもっていたりするときは，
税金を納めなくてはなりません。また，ふだん
あまり気にしないところでも税金を納めていま
す。わたしたちが買い物をするとき，消費税を
ふくんだ代金を店にしはらっています。その後，
店がまとめて国に納税します。

 わたしたちのくらしと政治
税金の働き

▶▶▶ 本冊21ページ

1 （1）国からの補助
（2）（ ） 市長が，自分の意見で決定する。
　　（○） 市議会で話し合って，決定する。
2 （1）（○） 税金を納めることは，国民として
　　　　　　 の義務である。
　　（×） 税金は，会社で働いていれば，会
　　　　　 社がすべて納めているので，負担
　　　　　 する必要はない。
　　（○） 税金は，公共施設の建設にも使わ
　　　　　 れている。
　　（○） 税金は，警察や消防といった，わ
　　　　　 たしたちの生活を守る仕事にも使
　　　　　 われている。
（2）消費税

ポイント

1 （1）グラフのこうもくのうち，最も数値が大
きいものを選びます。
（2）市長は，市の行政の最高責任者ですが，税
金の使い方を自分の意見だけで決めることはで
きず，必ず議会にはからなければなりません。
2 （1）会社で働いている場合でも，給料からい
ろいろな税金が引かれてしはらわれています。

 わたしたちのくらしと政治
災害の対策

▶▶▶ 本冊22ページ

覚えよう ①災害 ②国 ③災害対策（本部）
④避難所
★ **考えよう** ★⑤県 ⑥国 ⑦市 ⑧県

ポイント

ある地域で災害が起こると，市（区）町村，都道
府県，国は，それぞれ役割を分担して，少しで
も早く被災地の復旧への取り組みを行います。
市（区）町村では，災害対策本部を設置して，被
害状況の確認を急ぎます。自宅を失ったり，自
宅にもどれない人のために避難所を開設するの
も，市（区）町村の仕事です。市（区）町村から被
害状況の報告を受けた都道府県では，必要に応
じて救助の支援を行い，また，自衛隊をはじめ
とする関連機関への要請も行います。さらに，
他の都道府県や国とも連絡を取ります。

 わたしたちのくらしと政治
災害の対策

▶▶▶ 本冊23ページ

1 （1）⑦…国　⑦…都道府県　⑦…市（区）町村
（2）（⑦） 自衛隊へ派遣要請をする。
　　（⑦） 他の市や町へ応援を要請する。
　　（⑦） 復旧工事のために，特別な予算を立てる。
　　（⑦） 被害状況を確認し，報告する。

ポイント

1 被災地となった市（区）町村は，まず被害状況
などを確認し，救助活動を行います。被害状況
が大きい場合は，周辺の市や町や都道府県に応
援を要請します。都道府県は，市（区）町村の要
請を受け，救助活動の実施や支援を行います。
また，自衛隊の出動が必要な場合は，派遣要請
もここで行います。さらに，地震による道路破
壊などが起こった場合には，国へ報告し，復旧
に向けての特別な予算を組んでもらうように要
請します。

21 わたしたちのくらしと政治のまとめ

▶▶▶ 本冊24ページ

1 （×）市議会では予算案を作成して，市役所に提出し，市役所で話し合いが行われる。

（×）市の収入は，どの市でも国からの補助金がもっとも多い割合をしめている。

（○）会社から給料をもらっている人も，自分で商売をしている人も，どちらも税金を負担しなければならない。

（○）市民が納めた税金は，その市の住民のくらしのために使われている。

2 （1）衆議院，参議院（順不同） （2）国会

（3）（ ）裁判は，税金を納めている人だけが受けることができる。

（○）裁判は，すべての国民が受けることができる。

ポイント

1 （1つ目の×）予算案を作成するのが市役所です。市議会は予算を決定します。（2つ目の×）市の収入は，市によって国からの補助金の割合は異なります。
2 （1）話し合いをしんちょうに行うために，2つの議院で構成されています。

22 わたしたちのくらしと政治のまとめ

▶▶▶ 本冊25ページ

23 縄文のむらから古墳のくにへ
縄文時代と弥生時代の生活 理解

▶▶▶ 本冊26ページ

覚えよう ①縄文（土器） ②縄文（時代）
③弥生（土器） ④弥生（時代）

★ 考えよう ★ ⑤たて穴（住居） ⑥弥生（時代）
⑦三内丸山（遺跡） ⑧吉野ヶ里（遺跡）

ポイント

今から2400年ほど前に，大陸から伝わった米づくりを中心に人々が生活していた時代を，弥生時代といいます。弥生時代よりもさらに前の，人々が狩りや漁で生活していた時代を，縄文時代といいます。

24 縄文のむらから古墳のくにへ
縄文時代と弥生時代の生活 【練習】

▶▶▶ 本冊27ページ

1 (1)⑦…三内丸山（遺跡）　⑦…板付（遺跡）
⑦…吉野ヶ里（遺跡）

(2)⑦

2 (3)たて穴住居という，地面を浅くほって床にした家に住んでいた。

(2)中国から伝わった米づくりで収穫された米が，主な食料だった。

(1)狩りや漁，採集によってとれた動物や植物が，主な食料だった。

(2)食料や土地などをめぐって，むらとむらが争うことがあった。

ポイント

1 (1)⑦は現在の青森県，⑦は現在の福岡県，⑦は現在の佐賀県にある遺跡です。
2 縄文時代と弥生時代に共通しているのは，たて穴住居に住んでいたことです。

25 縄文のむらから古墳のくにへ
大和朝廷の成立 【理解】

▶▶▶ 本冊28ページ

覚えよう ①吉野ヶ里（遺跡）　②くに
③卑弥呼　④邪馬台（国）　⑤大王
⑥大和朝廷〔大和政権／大和王権〕　⑦渡来人
★**考えよう**★ ⑧古墳　⑨前方後円（墳）

ポイント

米づくりが広まると，人々の生活は安定し，人口も増えました。そのため，より広い土地が必要となった大きなむらは，周辺の小さなむらを支配するようになり，「くに」に発展しました。

26 縄文のむらから古墳のくにへ
大和朝廷の成立 【練習】

▶▶▶ 本冊29ページ

1 (1)(順に) ⑦，⑦，⑦

(2)(○) 土木技術　( ) 弥生土器
( ) 縄文土器　( ) 金印
(○) 漢字　( ) ローマ字

2 (1)卑弥呼　(2)邪馬台国

(3)大和朝廷〔大和政権／大和王権〕

ポイント

1 (2)弥生土器，縄文土器は，渡来人が日本にやって来るより前から日本にあったものです。金印は，金でできた「はんこ」で，技術ではありません。卑弥呼が中国の皇帝から授けられました。
2 (3)大王を中心とした政府のことを，大和朝廷〔大和政権／大和王権〕といいます。大王は，のちの天皇です。

27 天皇中心の国づくり
聖徳太子の政治 【理解】

▶▶▶ 本冊30ページ

覚えよう ①聖徳太子〔厩戸王〕　②豪族
③天皇　④冠位十二階　⑤十七条の憲法
★**考えよう**★ ⑥隋　⑦遣隋使　⑧仏教　⑨法隆寺

ポイント

6世紀末に天皇の政治を助ける役職についた聖徳太子が，有力な豪族の蘇我氏とともに，天皇中心の国づくりを進め，王権の強化に努めました。聖徳太子は，家柄に関係なく能力によって役人を取り立てる冠位十二階，役人の心構えを示した十七条の憲法を定めました。また，中国の制度を取り入れようと，小野妹子らを遣隋使として隋に派遣したり，現在の奈良県に法隆寺という現存する世界最古の木造建築がある寺を建てたりしました。

28 天皇中心の国づくり
聖徳太子の政治 練習

▶▶▶ **本冊31ページ**

1 (1)冠位十二階　(2)役人

(3)きまり…十七条の憲法　言葉…天皇

(4)遣隋使

2 (1)法隆寺　(2)聖徳太子〔厩戸王〕

ポイント

> **1** (1)家柄ではなく能力によるのは，有能な人に仕事をしてもらうためです。位を12の階に分けたので，冠位十二階と名づけられました。
> (3)聖徳太子がつくったこの憲法は，17の条文からなるものなので，十七条の憲法とよばれます。「人の和を大切にすること」「仏教を信仰すること」「天皇の命令には従うこと」などが示されています。
> **2** (1)法隆寺は現存する世界最古の木造建築で，世界遺産にも登録されています。

 29 天皇中心の国づくり
大化の改新と大仏づくり 理解

▶▶▶ **本冊32ページ**

覚えよう　①中大兄（皇子）　②大化の改新

③租　④律令　⑤平城京　⑥聖武（天皇）

⑦大仏　⑧遣唐使　⑨正倉院

ポイント

> 645年，中大兄皇子（後の天智天皇）は中臣鎌足（後の藤原鎌足）と協力して，天皇の力をしのぐほどの勢いをもっていた蘇我氏をたおし，天皇中心の政治を実現しました。ここから始まる中大兄皇子の政治を大化の改新といいます。それまで豪族が治めていた土地と人民を国のものとしました。人々は租・調・庸などの税を負担することになりました。

 30 天皇中心の国づくり
大化の改新と大仏づくり 練習

▶▶▶ **本冊33ページ**

1 (1)(順に) 蘇我氏，天皇

(2)⑦…調　⑦…租　⑦…庸

2 (1)平城京　(2)聖武天皇　(3)行基

(4)東大寺正倉院

ポイント

> **1** (2)⑦絹などの織物などです。⑦布などを労働のかわりに納めることができました。
> **2** (1)8世紀初めにつくられた平城京は，中国にならってつくられた藤原京の後に建設されました。
> (2)天智天皇は，大化の改新を行った中大兄皇子が，後に天皇となったときの名前です。
> (3)鑑真は，聖武天皇に招かれて唐から日本にやってきた僧です。当時の航海は大変危険で，何回も失敗した後に日本へ来たときには，両目が見えなくなっていたそうです。

 31 天皇中心の国づくり
貴族の政治とくらし 理解

▶▶▶ **本冊34ページ**

覚えよう　①平安京　②藤原　③藤原道長

④寝殿造

★**考えよう**★⑤かな　⑥源氏物語　⑦国風（文化）

⑧年中（行事）

ポイント

> 平安時代には，中臣鎌足の子孫である藤原氏がとても大きな力をもつようになりました。特に，藤原道長は天皇との結びつきを強め，権力をにぎって政治を動かしました。

32 天皇中心の国づくり
貴族の政治とくらし

練習

▶▶ 本冊35ページ

1 (1)寝殿造

(2)( ) 庭では米づくりが行われている。

（○） 庭には池が広がっている。

(3)（○） 世の中すべてが思い通りになっている
様子

（ ） 生活が苦しくて世の中を不安に思う様
子

2 （×） 平安時代には，中国風の文化が栄えま
した。

（×） 紫式部が書いた「古事記」は，現在，
世界じゅうの人々に読まれています。

（○） 清少納言は，随筆「枕草子」を書きま
した。

（○） 端午の節句などの年中行事が行われて
いました。

ポイント

1 (3)今の言葉にすると，「この世の中は，わ
たしのためにあるようなものだ。満月がかける
こともきっとないだろう。」という意味です。
2 平安時代には，日本風の文化が栄えました。
紫式部が書いたのは「古事記」ではなく，「源氏
物語」です。

33 縄文のむらから古墳のくにへ，
天皇中心の国づくりのまとめ

▶▶ 本冊36ページ

1 (1)⑤…卑弥呼 ⑥…藤原道長

(2)⑧…⑦ ⑩…⑦ ⑭…⑦ (3)弥生土器

(4)大王 (5)国 (6)国分寺

ポイント

1 (2)⑧は現在の青森県，⑩は現在の佐賀県に
ある遺跡です。⑭は現在の奈良県にある，現存
する世界最古の木造建築がある寺です。
(3)米づくりが伝わったのは弥生時代のころで
す。この時代につくられたのは弥生土器です。
(4)大王は後に，天皇とよばれるようになりま
した。
(5)国に力をつけるため税を集め，労働力を集
中させようとしました。

34 縄文のむらから古墳のくにへ，
天皇中心の国づくりのまとめ

▶▶ 本冊37ページ

武士の世の中へ

武士のおこりと平氏の政治

 理解

▶▶▶ 本冊38ページ

覚えよう ①武士 ②源氏 ③平氏 ④平治

⑤平清盛

★ **考えよう** ★ ⑥堀〔垣根／へい〕

⑦物見やぐら〔やぐら〕

ポイント

平安時代後期，中央で貴族がはなやかなくらしをしていたころ，地方では武士が武芸をみがいて力をつけていました。その中でも特に有力だったのが，東国（東日本）の源氏と西国（西日本）の平氏です。かれらは，朝廷や貴族の権力争いをきっかけにして中央に進出しました。平氏から出た平清盛は，武士として初めて太政大臣という朝廷の最高位につくことができました。

 武士の世の中へ

武士のおこりと平氏の政治

 練習

▶▶▶ 本冊39ページ

1 (1)（　）貴族　（○）武士

(2)（⑦）見張りをしている。

（⑦）武器の手入れをしている。

（⑦）武芸にはげんでいる。

2 (1)平清盛　(2)西日本　(3)平治の乱

ポイント

1 (1)貴族が住んでいたのは，庭に池や庭園がそなえられた，寝殿造とよばれるつくりの豪華なやしきです。
(2)⑦の人は，馬の上からまとをねらって弓をひいています。⑦の人は，物見やぐらとよばれる高いところから，敵がおそってこないか注意して見はっています。
2 (1)保元の乱や源氏と争っていること，太政大臣という高い位についていることから考えます。
(2)平氏は，西日本を中心に勢力を広げました。

 武士の世の中へ

鎌倉幕府の成立

 理解

▶▶▶ 本冊40ページ

覚えよう ①源頼朝 ②北条（氏）

③（源）義経 ④平（氏）⑤征夷大将軍

⑥鎌倉幕府 ⑦御成敗式目

★ **考えよう** ★ ⑧領地 ⑨ご恩 ⑩奉公

ポイント

平清盛が政治の実権をにぎると，平氏の一族以外の武士の間に不満が広がりました。そのころ，平氏をたおそうと計画した源頼朝は，不満をもった武士たちを味方につけ，平氏をほろぼしました。源頼朝は，家来となった武士たちと「ご恩と奉公」とよばれる関係を結びました。

 武士の世の中へ

鎌倉幕府の成立

 練習

▶▶▶ 本冊41ページ

1 (1)源頼朝　(2)征夷大将軍

(3)ご恩（と）奉公

2 (1)（順に）海，山，守りやすい

(2)（　）源氏の将軍が絶えると，北条氏が将軍となって政治を行った。

（○）武士の裁判の基準となる「御成敗式目」が定められた。

（　）天皇中心の政治を目指して，武士が団結した。

ポイント

1 (1)1185年に平氏をほろぼしていること，1192年にある役職に任命されていることから考えます。
(2)征夷大将軍はこの後，武士の最高位となりました。幕府を開くためには，朝廷から征夷大将軍に任命されなければなりませんでした。
2 (1)山の方からせめるのはとてもたいへんです。また，守る方は，守るべき場所に集中すればよいので便利です。

39 武士の世の中へ　元との戦い 【理解】

▶▶▶ 本冊42ページ

覚えよう　①鎌倉（幕府）　②元　③北条時宗

④集団

★ 考えよう ★　⑤恩賞　⑥奉公　⑦領地　⑧ご恩

ポイント

鎌倉幕府が政治を行っていたころ，中国ではモンゴル民族が元という国を建てました。元は，大陸で領土を広げつつ，日本のことも従えようとせめてきました。これを元寇といいます。

40 武士の世の中へ　元との戦い 【練習】

▶▶▶ 本冊43ページ

1 （1）元寇　（2）⑦

（3）集団（戦術と）火薬（兵器）

2 （○）幕府は武士たちに，新しい領地をあたえることができなかった。

（　）新しい領地を得ることができた武士たちの生活は，とても楽になった。

（　）よりいっそう，幕府と武士たちの間の「ご恩と奉公」の関係が強まった。

（○）武士たちの幕府に対する不満が高まり，「ご恩と奉公」の関係もくずれていった。

ポイント

1 （2）（3）元軍が集団戦術と火薬兵器という新しい戦術を使ったのに対して，日本軍は刀や弓を使ったいっき打ちの戦法でした。見たことのない武器や戦術に，日本の武士はとても苦しめられました。

2 元軍との戦いは，せめてきた元軍から日本を守る戦いだったので，新しい領地が得られるものではありませんでした。そのため，幕府は家来の武士たちに恩賞としてあたえる領地がなく，武士の不満が高まったのです。

41 今に伝わる室町文化　室町文化 【理解】

▶▶▶ 本冊44ページ

覚えよう　①室町（幕府）　②（足利）義満

③金閣　④銀閣　⑤書院造　⑥能

★ 考えよう ★　⑦ふすま　⑧障子

ポイント

鎌倉幕府が14世紀にたおれると，足利氏が京都に室町幕府を開きました。室町幕府の3代将軍足利義満が建てた金閣と，8代将軍足利義政が建てた銀閣は，室町時代の文化を代表する建築物です。また，室町時代には，現在まで残る茶の湯や生け花，能や狂言などの文化も起こりました。

42 今に伝わる室町文化　室町文化 【練習】

▶▶▶ 本冊45ページ

1

	金閣	銀閣
つくった人は	①足利義満	②足利義政
ふんいきは	③ごうかである	④落ち着いている

2 （1）能　（2）○　（3）書院造　（4）生け花

ポイント

1 ①室町幕府の3代将軍です。②室町幕府の8代将軍です。③建物の表面が金ぱくでおおわれ，きらびやかです。④建物全体は木の素材感により，落ち着いた様子です。

2 （1）能と狂言は，同じころに発展しました。

（2）『天橋立図』などが有名です。

（4）花びんに花を生け，床の間をかざったことが，生け花という文化に発展しました。

43 武士の世の中へ，今に伝わる室町文化のまとめ

▶▶▶ 本冊46ページ

1 (1)⑦…平清盛 ⑦…源 頼朝
⑦…足利義満 ⑪…足利義政
(2)ご恩 (と) 奉公 (の関係)
(3)御成敗式目 (4)元寇
(5)観阿弥 (と) 世阿弥 (の父子)

ポイント

1 (1)⑦…鎌倉を拠点として幕府を開いた人物です。⑦…室町幕府の3代将軍義満の時代に最も将軍の権力が強まりました。
(3)鎌倉時代につくられたこの法律は，江戸時代まで長く，武家社会の法律の手本とされました。

44 武士の世の中へ，今に伝わる室町文化のまとめ

▶▶▶ 本冊47ページ

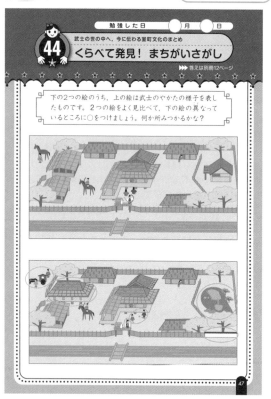

45 戦国の世から江戸の世へ 信長と秀吉

▶▶▶ 本冊48ページ

理解

覚えよう ①織田信長 ②長篠 (の戦い)
③安土 (城) ④楽市・楽座
★ 考えよう ★ ⑤豊臣秀吉 ⑥刀狩 (令) ⑦鉄砲
⑧検地 ⑨朝鮮 (半島)

ポイント

室町時代の後半になると，各地で戦国大名が力をつけ，領地を支配するようになりました。なかでも，尾張 (今の愛知県) の戦国大名であった織田信長は，戦いに鉄砲を取り入れるといった新しい戦術を使い，また，商工業の発展に力を入れて，天下統一を目指しました。信長はそののち，家来におそわれて自害しましたが，あとをついだ豊臣秀吉の手によって数年後，天下統一は達成されました。

46 戦国の世から江戸の世へ 信長と秀吉

▶▶▶ 本冊49ページ

練習

1 (1)織田・徳川連合軍
(2)織田・徳川連合軍
(3)(順に) 楽市・楽座，商業

2 (○) 百姓たちから武器を取り上げる刀狩と，検地によって，武士と百姓の身分がはっきり区別されるようになった。

(×) 刀狩令では，百姓たちから武器を取り上げるとともに，武士が持つことができる武器の量も決めた。

(○) 田畑のよしあしや広さ，米のとれる量などを調べた検地は，より正確に年貢をとるために行われた。

(×) 検地と刀狩によって，武士にかわり貴族が世の中を支配するしくみが整えられた。

ポイント

1（2）長篠の戦いは，織田軍が当時としては新しい大量の鉄砲を使った戦術で，伝統的な騎馬隊を中心とした武田軍を破った戦いです。
（3）織田信長は，拠点とした安土城下で商工業の発展をはかりました。鉄砲をそろえることができたのも，商業で得た資金があったからです。
2 刀狩は百姓が反抗する力をおさえるため，検地は税の収入を安定させるための政策です。このことにより，武士と百姓の身分がはっきりと分けられることになりました。

 47 戦国の世から江戸の世へ
江戸幕府の成立 理解

▶▶ 本冊50ページ

覚えよう ①徳川家康 ②関ヶ原（の戦い）
③征夷大将軍 ④江戸 ⑤外様
★ **考えよう** ★ ⑥武家諸法度 ⑦参勤交代
⑧徳川家光

ポイント

豊臣秀吉の死後，関ヶ原の戦いに勝った徳川家康は，朝廷から征夷大将軍に任命され，江戸幕府を開きました。幕府は，全国の大名を，徳川家の親せきである親藩，古くから徳川家の家来である譜代，関ヶ原の戦いの後に徳川家に従った外様に分け，領地をあたえるのにも区別しました。また，幕府は武家諸法度という法律を定め，大名を支配しました。3代将軍徳川家光は，この武家諸法度に参勤交代の制度を追加しました。大名にとって，江戸での生活費は負担になりました。

 48 戦国の世から江戸の世へ
江戸幕府の成立 練習

▶▶ 本冊51ページ

1（1）①織田信長 ②豊臣秀吉 ③徳川家康
（2）（順に）親藩，譜代，近い，遠い
2（順に）江戸，大きい，街道

ポイント

1（1）②の「羽柴」とは，豊臣秀吉が「豊臣」と名乗る前の名字です。また，この歌は，「織田信長がきっかけをつくり，豊臣秀吉が達成した天下統一を，最後に手に入れたのは徳川家康である。」という意味を表しています。
（2）江戸幕府は，領地は小さくても江戸の近くや重要な場所には親藩や譜代を，領地は大きくても江戸から遠い場所やあまり重要ではない場所には外様をおきました。
2 参勤交代では，大名は多くの家来を連れて領地と江戸を行き来し，多くの人が江戸のやしきにくらしたので，多くの費用がかかりました。

 49 戦国の世から江戸の世へ
江戸時代の人々のくらしと鎖国 理解

▶▶ 本冊52ページ

覚えよう ①キリスト ②絵踏み〔踏み絵〕
③島原・天草〔島原・天草の〕（一揆）
④長崎 ⑤鎖国
★ **考えよう** ★ ⑥百姓 ⑦武士 ⑧五人組

ポイント

江戸幕府は初め，貿易を保護する目的から，キリスト教を認めていました。しかし，キリスト教の教えは上下関係を重んじる江戸幕府には都合の悪いものでした。そのため，キリスト教を禁止し，キリスト教をもちこまないオランダと中国とだけ貿易をする，鎖国の政策をとるようになりました。

 50 戦国の世から江戸の世へ
江戸時代の人々のくらしと鎖国 練習

▶▶ 本冊53ページ

1（1）①百姓 ②武士
（2）（順に）少数，多数
2（1）⑦…キリスト
⑦…島原・天草〔島原・天草の〕 ⑨…長崎
（2）絵踏み〔踏み絵〕 （3）鎖国

ポイント

1 江戸時代には，人口の割合がわずか7％の武士が，85％の百姓をふくむその他の身分の人々の上に立っていました。
2 (1)⑦…現在の長崎県や熊本県で起こった一揆です。⑦…幕府は，オランダと中国にだけ，長崎での貿易を認めました。
(2)キリストや聖母マリアの像を踏ませて，信者でないことを証明させました。

---

51 江戸の文化と新しい学問
江戸時代の文化　理解
▶▶▶ 本冊54ページ

覚えよう ①江戸　②武士　③100　④歌舞伎
⑤近松門左衛門　⑥浮世絵　⑦歌川広重
⑧ヨーロッパ　⑨寺子屋　⑩そろばん

ポイント

江戸時代の中ごろになると，大きな戦乱もなくなり，江戸・大阪・京都などの都市は，にぎわいを見せました。そこでは，貴族や武士といった支配階級のものではない，歌舞伎や人形浄瑠璃，浮世絵などの町人を中心とした文化が発展しました。また，このころは教育への関心も高まり，町や村には寺子屋という教育機関ができ，町人や百姓の子どもたちが，読み書きやそろばんを学びました。

---

52 江戸の文化と新しい学問
江戸時代の文化　練習
▶▶▶ 本冊55ページ

1 (1)歌舞伎　(2)近松門左衛門　(3)町人
2 (1)歌川広重　(2)○
(3)①○　②そろばん

ポイント

1 (2)近松門左衛門は，「曽根崎心中」など，歌舞伎や人形浄瑠璃の脚本を数多く書きました。
(3)江戸時代の文化の中心となったのは町人でした。支配階級が中心であったそれまでの文化との大きなちがいです。
2 (1)葛飾北斎も，歌川広重と同じころにすぐれた浮世絵をえがいた画家です。

---

53 江戸の文化と新しい学問
国学と蘭学　理解
▶▶▶ 本冊56ページ

覚えよう ①杉田玄白　②解体新書　③蘭学
④伊能忠敬　⑤本居宣長　⑥国学　⑦古事記伝
★ 考えよう ★ ⑧打ちこわし　⑨百姓一揆
⑩大塩平八郎

ポイント

鎖国中の日本で，外国の学問を学ぶことはとても難しいことでしたが，江戸時代の中ごろになると，ヨーロッパの書物が輸入されるようになり，それを読んで研究を進める人が現れました。「解体新書」に見られる医学の研究は，その代表的な例です。江戸時代に，西洋の学問を蘭学とよびました。これとは対照的に，古くからの日本人の考え方を研究しようという国学もさかんになりました。本居宣長は国学を研究した一人で，「古事記」を研究して，「古事記伝」という書物をあらわしました。

---

54 江戸の文化と新しい学問
国学と蘭学　練習
▶▶▶ 本冊57ページ

1 (1)解体新書
(2)前野良沢，杉田玄白（順不同）　(3)蘭学
2 (1)国学　(2)○
(3)①打ちこわし　②百姓一揆

ポイント

1 (1)ドイツの医学書のオランダ語ほん訳書を日本語にほん訳したものです。
(3)医学だけでなく，地理学や天文学など，江戸時代に伝えられた西洋の学問をまとめて蘭学といいます。
2 (3)農村で百姓が起こしたのが百姓一揆，都市で町人が起こしたのが打ちこわしです。

55 戦国の世から江戸の世へ，江戸の文化と新しい学問のまとめ

▶▶▶ 本冊58ページ

1 (1)⑦…鉄砲　⑦…キリスト教
⑦…参勤交代　⑦…解体新書
⑦…大塩平八郎
(2)尾張…織田信長　三河…徳川家康
(3)検地　(4)譜代　(5)オランダ

ポイント

1 (1)⑦の鉄砲は，ポルトガル人が伝えました。⑦のキリスト教は，スペイン人の宣教師フランシスコ・ザビエルが鹿児島に伝えました。⑦の「解体新書」は，オランダ語の医学書をほん訳したものです。⑦の大塩平八郎は，元は役人でしたが，町人の生活苦を見かねて，反乱を起こしました。
(2)2人のほかに，豊臣秀吉も織田信長の家来として参加していました。
(4)徳川家の親せきの大名を親藩，関ヶ原の戦いの後に徳川家に従った大名を外様といいます。
(5)オランダのほか，中国との貿易も許されていました。また，鎖国の中でも，朝鮮やアイヌの人々，琉球とは，それぞれ対馬藩，松前藩，薩摩藩を通じて，交易をしていました。

56 戦国の世から江戸の世へ，江戸の文化と新しい学問のまとめ

▶▶▶ 本冊59ページ

57 明治の国づくりを進めた人々　開国と江戸幕府の終わり

▶▶▶ 本冊60ページ

覚えよう ①ペリー　②浦賀　③日米和親（条約）
④日米修好通商（条約）
★考えよう★ ⑤長州（藩）　⑥薩摩（藩）
⑦土佐（藩）　⑧徳川慶喜　⑨明治天皇

ポイント

1853年，アメリカ合衆国の使者ペリーが，日本を開国させるため，神奈川県の浦賀沖に黒船で現れました。おどろいた幕府は，翌年，日米和親条約を結び，これにより，200年以上続いた鎖国の時代は終わりました。このときの幕府の対応に不満をもった武士たちが，幕府をたおして新しい政府をつくる運動を始めました。

58 明治の国づくりを進めた人々
開国と江戸幕府の終わり 練習

▶▶▶ 本冊61ページ

1 （1）ペリー

（2）①日米和親条約　②日米修好通商条約

（3）徳川慶喜　（4）五箇条の御誓文

2

木戸孝允 ── 土佐藩出身。薩摩藩と長州藩の間の同盟の仲立ちをした。

大久保利通 ── 長州藩出身。倒幕運動の中心となり，五箇条の御誓文の作成にもかかわった。

坂本龍馬 ── 薩摩藩出身。明治政府の指導者となり，日本の近代化の道すじをつけた。

ポイント

1「ペリー来航→日米和親条約（開国）→日米修好通商条約→貿易の開始→徳川慶喜が政権を朝廷に返す→五箇条の御誓文」の流れをおさえましょう。外国からの圧力で，政治体制が変化したことを理解しましょう。

 59 明治の国づくりを進めた人々
明治維新と富国強兵 理解

▶▶▶ 本冊62ページ

覚えよう ①藩　②廃藩置県　③富国強兵

④富岡（製糸場）　⑤20（才）　⑥徴兵令

⑦地租改正

★考えよう★ ⑧ガス灯　⑨洋服　⑩文明開化

ポイント

明治政府は，藩と領民を天皇に返上する版籍奉還と廃藩置県を行い，政府の役人を派遣して治めさせました。また，富国強兵政策として，富岡製糸場のような官営工場を建設したり，徴兵令を定めたりしました。さらに，毎年安定した税収を得るため，それまでの年貢にかわり，土地価格の3％を現金で納めさせる地租改正も行いました。

 60 明治の国づくりを進めた人々
明治維新と富国強兵 練習

▶▶▶ 本冊63ページ

1 （1）徴兵令 ── 訓練された強い軍隊をつくるため。

廃藩置県 ── 政治方針を日本全国に広めるため。

富国強兵 ── 経済力を高め軍事力を強化するため。

地租改正 ── 国の収入を安定させるため。

身分の解放 ── 国民を平等に取りあつかうため。

（2）（順に）20，男子

2 （1）①西洋　②○　（2）福沢諭吉

ポイント

1（2）江戸時代にあった士族の特権がなくなり，20才になった男子には，兵役の義務が定められました。

2（1）明治時代の初期には，西洋の制度や文化，技術が積極的に導入されました。

 61 明治の国づくりを進めた人々
自由民権運動 理解

▶▶▶ 本冊64ページ

覚えよう ①士族　②西南（戦争）　③言論

④板垣退助　⑤国会（開設の要望書）

⑥自由民権（運動）

★考えよう★ ⑦警察官

ポイント

明治政府の改革が進む中で，武士としての特権を失った士族の間に不満が高まりました。薩摩藩の士族は，西郷隆盛を中心として西南戦争を起こしましたが，徴兵令で集められた近代的な軍隊にしずめられました。これ以降，政府への批判は武力によるものではなく，自由民権運動などの言論によるものに変わっていきました。

62 明治の国づくりを進めた人々 練習

自由民権運動

▶▶▶ 本冊65ページ

1 （順に）士族，薩摩，西郷隆盛，西南，言論

2 （1）⑦…長州 ⑦…国会

（2）板垣退助 （3）自由民権運動

ポイント

1 江戸時代の武士は士族とよばれるようになりました。徴兵令が定められたことによって存在の意味を失い，武士としての特権を失った士族は，不満を反乱という形で表しました。なかでも最大のものが西郷隆盛を中心とした西南戦争です。

2 （1）⑦…明治政府の主な役職には，薩摩藩と長州藩の出身者が多くつきました。

 63 明治の国づくりを進めた人々 理解

国会開設と大日本帝国憲法

▶▶▶ 本冊66ページ

覚えよう ①自由（党） ②立憲改進（党）

③伊藤博文 ④ドイツ ⑤内閣

⑥大日本帝国（憲法） ⑦25（才）

★ **考えよう** ★ ⑧天皇 ⑨法律

ポイント

1881年に，10年後に国会を開くことが約束されると，板垣退助は自由党，大隈重信は立憲改進党といった政党を結成して，準備にあたりました。一方，政府の中心人物であった伊藤博文は，行政を担当する内閣を組織し，天皇から初代内閣総理大臣に任命されると，憲法制定に取り組みました。日本が目指す天皇中心の国づくりに最も合っていた君主権の強いドイツの憲法を参考にして，大日本帝国憲法がつくられ，1889年，天皇が国民にあたえるという形で，憲法が発布されました。

 64 明治の国づくりを進めた人々 練習

国会開設と大日本帝国憲法

▶▶▶ 本冊67ページ

1 （順に）自由民権（運動），板垣退助，自由（党），立憲改進（党），（内閣）総理大臣，伊藤博文，大日本帝国憲法

2 （1）天皇 （2）ドイツ （3）25才

ポイント

1 板垣退助－自由党，大隈重信－立憲改進党をセットにして覚えましょう。

2 （1）大日本帝国憲法第4条に「天皇は，国の元首であり，国や国民を治める権限をもつ。」とあります。

（2）このころ，皇帝の権力が強い憲法をもっていたドイツの憲法を参考にして，大日本帝国憲法はつくられました。

（3）一定の税金を納めた25才以上の男子という条件をみたした人は，国民の約1％しかいませんでした。この後，しだいに条件はゆるめられていきました。

 65 世界に歩み出した日本 理解

外国との不利な条約の改正

▶▶▶ 本冊68ページ

覚えよう ①関税自主（権） ②領事裁判（権）

③不平等 ④ノルマントン号（事件）

⑤陸奥宗光

★ **考えよう** ★ ⑥イギリス ⑦日本（人） ⑧軽い

ポイント

江戸時代の終わりに幕府が欧米諸国と結んだ修好通商条約は，2つの点で，日本にとって不平等な条約でした。1つは，日本に関税自主権がなかったことです。もう1つは，日本が諸外国に対して領事裁判権を認めていたことです。この2つの不平等な内容を改正することが，明治政府にとっての外交上の最初の課題となりました。

66 世界に歩み出した日本
外国との不利な条約の改正

練習

▶▶▶ 本冊69ページ

1 （順に）幕府，できない，関税自主権，
売れなくなって，綿織物

2 （順に）領事裁判権，自分の国，不平等，
ノルマントン号事件，陸奥宗光

ポイント

1 関税自主権とは，自由に関税をかけることの
できる権利です。これがなかった幕末から明治
前期の日本では，輸入品の安い品物がたくさん
入ってくるせいで，国内産の品物が売れなくな
り，産業がおとろえることがありました。

2 領事裁判権とは，外国人が日本国内で罪をお
かしたときに，その国の領事が罪をさばくこと
です。これを認めていた幕末から明治前期の日
本では，外国人の犯罪を日本の法律でさばくこ
とができずに，公正な判決が下されないことが
ありました。そこで，1894年，外務大臣陸奥
宗光が交渉を重ねた結果，イギリスとの間で領
事裁判権をなくすことに成功しました。

67 世界に歩み出した日本
日清戦争・日露戦争と産業の発展
理解

▶▶▶ 本冊70ページ

覚えよう ①朝鮮 ②清 ③日清（戦争）
④賠償金 ⑤ロシア ⑥日露（戦争） ⑦満州
★**考えよう**★ ⑧増えて ⑨重工業

ポイント

明治時代の初期に朝鮮半島へ勢力をのばそうと
していた日本は，朝鮮にえいきょう力をもつ中
国と対立しました。1894年に起きた日清戦争
で勝利した日本は，台湾などを植民地としまし
た。これにより，満州に進出しようとしていた
ロシアは日本と対立を深め，1904年，日露戦
争が始まりました。

68 世界に歩み出した日本
日清戦争・日露戦争と産業の発展
練習

▶▶▶ 本冊71ページ

1 （1）①ロシア ②日本 ③清 ④朝鮮
（2）日清戦争

2 （順に）清，賠償金，ロシア，朝鮮〔韓国〕，
東郷平八郎

ポイント

1 絵は，日清戦争が始まる前の，朝鮮，清，ロ
シア，日本の関係を表したものです。魚に見立
てた朝鮮を，日本と清がつろうとし，その様子
を橋からロシアがどうなるか見物していると
いうものです。

2 日清戦争で勝利した日本は，台湾などを植民
地としたほか，当時の日本の国の歳入（国の収
入）の約3倍にあたる賠償金を清から得ること
ができました。この賠償金を，日本はさらなる
軍備増強や重工業をはじめとする産業の発展に
使いました。

69 世界に歩み出した日本
韓国併合と生活の変化
理解

▶▶▶ 本冊72ページ

覚えよう ①併合 ②小村寿太郎
③関税自主（権） ④第一次世界大戦 ⑤足尾
⑥米 ⑦民主（主義） ⑧25（才） ⑨男子
⑩関東大震災

ポイント

日露戦争に勝って韓国での勢力を認めさせた日
本は，1910年，韓国を併合しました。翌年に
は外務大臣小村寿太郎が関税自主権の回復に成
功し，条約改正を達成しました。また，1914
年に主にヨーロッパを戦場として始まった第一
次世界大戦にも，中国のドイツ領をせめるとい
う形で参戦し，戦勝国の1つとなりました。こ
の時期，ヨーロッパが後退したアジアの市場に
日本の製品が輸出され，景気がよくなりました。

70 世界に歩み出した日本
韓国併合と生活の変化 （練習）
▶▶▶ 本冊73ページ

1 (1)⑦…韓国　⑦…第一次世界大戦

⑦…関東大震災

(2)(○) 関税自主権を回復した。

　( ) 領事裁判権をなくした。

(3)( ) 20才以上の男女

　( ) 20才以上の男子

　( ) 25才以上の男女

　(○) 25才以上の男子

2 (○) 戦勝国の1つとなり、中国でのドイツの権益を手に入れた。

　(○) 国民の間に民主主義の意識が高まり、労働運動や女性運動などが起こった。

　( ) 南樺太や満州の鉄道などを得た。

　( ) 製糸・紡績業を中心とする軽工業がさかんになった。

ポイント

1 (2)領事裁判権をなくしたのは、1894年のできごとです。
(3)女性や20〜24才の男性に選挙権があたえられたのは、第二次世界大戦後のことです。
2 南樺太や満州の鉄道などを得たのは、日露戦争後のことです。また、製糸・紡績業を中心とする軽工業がさかんになったのは、1880年代からのことです。

 71 長く続いた戦争と人々のくらし
日中戦争と太平洋戦争 （理解）
▶▶▶ 本冊74ページ

覚えよう ①満州事変　②満州国　③国際連盟
④日中（戦争）　⑤ドイツ　⑥第二次世界大戦
⑦石油　⑧東南　⑨イタリア　⑩太平洋（戦争）

ポイント

満州事変→満州国独立→国際連盟脱退→日中戦争→第二次世界大戦→ドイツ・イタリアと同盟→太平洋戦争という流れをおさえましょう。

 72 長く続いた戦争と人々のくらし
日中戦争と太平洋戦争 （練習）
▶▶▶ 本冊75ページ

1 (1)満州国

(2)( ) 国際連盟で認められた。

　(○) 国際連盟では認められなかった。

(3)ペキン〔北京〕

2 （順に）満州，石油，東南アジア，
アメリカ，太平洋戦争

ポイント

1 (1)満州事変ののち、日本は中国から満州国を独立させました。
(2)このことにより、日本は国際連盟を脱退し、国際社会から孤立することとなりました。
2 中国との戦争が長引く中で、資源にとぼしい日本では、燃料となる石油の確保が大きな問題となっていました。そのため、石油を求めて東南アジアに進出したのです。

 73 長く続いた戦争と人々のくらし
戦争中の生活と原爆の投下 （理解）
▶▶▶ 本冊76ページ

覚えよう ①戦時　②ぜいたく　③配給（制）
④空襲　⑤疎開
★ **考えよう** ★⑥東京　⑦沖縄（島）　⑧広島
⑨長崎　⑩1945（年）8（月）15（日）

ポイント

日中戦争が始まったころ、日本の政府には「すぐに戦争に勝利できる。」という考えがありました。それが予定通りにいかず、戦争が長引くと、戦時体制をしく事態になりました。米や野菜などの物資が不足して配給制になり、戦地に労働力を取られた工場などでは、女子生徒や中学生が動員されて働きました。

74 長く続いた戦争と人々のくらし
戦争中の生活と原爆の投下 [練習]

 ▶▶▶ 本冊77ページ

1 (1)④ (2)⑦ (3)⑦
2 (1)⑦…東京 ④…広島 ⑨…長崎
(2)(②) 日本が降伏して，戦争が終わった。
　(①) アメリカ軍が沖縄島に上陸して，地上戦が始まった。
　( ) 太平洋戦争が始まり，戦時体制が強まった。

ポイント

1 (1)空襲では都市部がねらわれることが多かったので，都市部の小学生は，農村部へ疎開しました。
(2)米や野菜など，品物が不足すると配給制になりました。
(3)おとなの男性は戦争に出兵して少なくなったので，女子学生や中学生が動員され，工場で働きました。
2 (1)原爆は，1945年8月6日に広島に，同年8月9日に長崎に投下されました。

75 明治の国づくりを進めた人々，世界に歩み出した日本，長く続いた戦争と人々のくらしのまとめ

▶▶▶ 本冊78ページ

1 (1)⑦…ペリー ④…福沢諭吉
⑨…西郷隆盛 ⑪…板垣退助 ⑦…大隈重信
⑰…伊藤博文 ⑨…夏目漱石
(2)地租改正 (3)天皇
(4)( ) 陸奥宗光
　(○) 小村寿太郎

ポイント

1 (1)④…慶応義塾（現在の慶応義塾大学）をつくった人です。⑨…明治・大正時代に活やくした，日本を代表する作家です。ほかに，「坊っちゃん」などが有名です。
(2)年貢にかわって，地価の3％を現金で納める税制改革を行いました。

76 明治の国づくりを進めた人々，世界に歩み出した日本，長く続いた戦争と人々のくらしのまとめ

▶▶▶ 本冊79ページ

77 新しい日本，平和な日本へ
戦後改革と朝鮮戦争 [理解]

▶▶▶ 本冊80ページ

覚えよう ①連合国（軍） ②女性 ③農地改革
④平和主義 ⑤日本国憲法 ⑥国際連合 ⑦朝鮮
⑧サンフランシスコ ⑨三種 ⑩電気冷蔵庫

ポイント

戦争に敗れた日本では，アメリカを中心とする連合国軍最高司令官総司令部〔GHQ〕の指導のもと，戦後の民主化政策が行われました。新しい憲法を制定し，女性にも参政権を認め，農地改革によって自作農を増やし，戦争中の日本を経済的に支えた財閥を解体する，などの政策が行われました。

戦後改革と朝鮮戦争

▶▶▶ 本冊81ページ

1 (1)⑦…連合国軍〔連合国軍最高司令官総司令部〕

　⑦…日本国憲法　⑦…国際連合

(2)(○) 20才以上の男女

　( ) 20才以上の男子

　( ) 25才以上の男女

　( ) 25才以上の男子

(3)④

2　国民主権 ╲　　戦力をもたず戦争をしない。

　基本的人権の尊重 ╲╱ 国の政治の方針を決める権利は国民にある。

　平和主義 ╱　　自由で平等に人間らしく生きる権利を大切にする。

 ポイント

　1 (1)⑦…アメリカを中心に構成されていました。⑦…現在まで残る憲法です。⑦…2度の世界大戦を反省して設立された国際組織です。
(2)このとき，女性に初めて選挙権があたえられたことに注意しましょう。

高度経済成長とこれからの日本
▶▶▶ 本冊82ページ

覚えよう ①高度経済成長　②オリンピック

③東海道新幹線　④国民総生産（額）　⑤クーラー

⑥3C

★考えよう★ ⑦北方（領土）

⑧日中平和友好（条約）

ポイント

　1960年代の日本は急激に経済が成長しました。これを高度経済成長といいます。1968年には，日本の国民総生産（額）は，アメリカに次いで資本主義国のなかで2位になりました。

高度経済成長とこれからの日本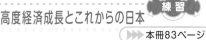
▶▶▶ 本冊83ページ

1 (1)⑦…ソビエト連邦〔ソ連〕　⑦…中国

(2)高度経済成長

(3)(○) 東海道新幹線の開業

　( ) 札幌オリンピックの開催

　( ) 東北新幹線の開業

　(○) 東京オリンピックの開催

2　⑦，⑦，⑦（順不同）

ポイント

　1 (1)⑦…ソ連と国交を回復したことによって，国連への加盟が認められました。
(2)主に1960年代の急激な経済の成長のことです。1973年に石油危機が起こるまで続きました。
　2 ⑦がカラーテレビ，⑦が乗用車，⑦がクーラーを示しています。⑦は，⑦が増えるのと同時に減っているので白黒テレビ，同時期に大きく増えている⑦と⑦が電気洗濯機と電気冷蔵庫であると考えましょう。ここでは，⑦が電気洗濯機，⑦が電気冷蔵庫を示しています。これが「三種の神器」です。⑦のカラーテレビと同時期に増えている⑦と⑦を合わせて3Cと考えましょう。

 新しい日本，平和な日本へのまとめ
▶▶▶ 本冊84ページ

1 (1)⑦…朝鮮　⑦…アメリカ

　⑦…高度経済成長　⑦…国交

(2)農地改革　(3)20（才）

(4)サンフランシスコ平和（条約）

(5)(東京) オリンピック〔(東京) オリンピック・パラリンピック〕

(6)②

ポイント

　1 (1)⑦…朝鮮は，韓国と北朝鮮に分かれて対立しました。⑦…この後も，沖縄はアメリカに占領されたままでした。
(2)国が土地を買い上げ，小作人に安く売ることで，小作農家は自作農家へ変わっていきました。

82 新しい日本，平和な日本へのまとめ

▶▶▶ 本冊85ページ

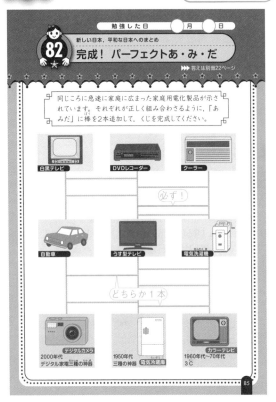

84 日本とつながりの深い国々
アメリカと日本

練習

▶▶▶ 本冊87ページ

1 （1）ロッキー山脈

（2）ワシントンD.C.

（3）（ ） 人種や民族によって，クラスが分かれている。

（○） さまざまな人種や民族の子どもたちがいっしょに学んでいる。

2 （順に） 広い，コンピューター，野球，ハロウィン

ポイント

1 （1）ロッキー山脈は，北アメリカ大陸の西側を南北に走る山脈です。

（2）ニューヨークはアメリカ最大の都市で，国際連合の本部も置かれています。政治的・経済的に，世界の中心都市の1つです。サンフランシスコは1951年に講和会議が開かれた都市で，その翌年に日本は主権を回復しました。ロサンゼルスは日本食のレストランが多くあります。

（3）いろいろな地域から移り住んできた人が多い北アメリカでは，たくさんの人種や民族がいっしょにくらしています。

83 日本とつながりの深い国々
アメリカと日本

理解

▶▶▶ 本冊86ページ

覚えよう ①ワシントンD.C. ②民族

③ロッキー（山脈） ④グローバル（化）

⑤飛行機 ⑥宇宙開発 ⑦コンピューター

⑧貿易 ⑨多文化（社会）

ポイント

アメリカ合衆国は，世界中の国々の中で，日本と最もつながりの深い国の1つです。日本にとって重要な貿易相手国の1つでもあります。

85 日本とつながりの深い国々
中国，韓国と日本

理解

▶▶▶ 本冊88ページ

覚えよう ①中華人民共和国 ②ペキン〔北京〕

③万里（の長城） ④経済 ⑤IT ⑥貿易

⑦ソウル ⑧キムチ ⑨テコンドー ⑩北朝鮮

ポイント

世界最大級の人口をもつ中国は，2023年現在，日本の最大の貿易相手国です。世界的に見ても，経済が急速に発展した国の1つです。税金や貿易の面で優遇されているので，沿岸部にある経済特区といわれる地区には，日本をはじめとする外国の企業がたくさん進出しています。一方，日本に最も近い外国の韓国は，古くから日本とつながりの深い国です。韓国は，もとは北朝鮮と1つの国でしたが，第二次世界大戦後の対立以降，南北に分かれたままになっています。日本政府は，民主主義をとる韓国を朝鮮半島でただ1つの国家であると認めています。対する北朝鮮のことは国家として認めておらず，国交もありません。

86 日本とつながりの深い国々
中国，韓国と日本 練習
▶▶▶ 本冊89ページ

1 (1)⑦…中華人民共和国
⑦…朝鮮民主主義人民共和国　⑦…大韓民国
(2)⑦…ペキン　⑦…ソウル
(3)経済特区
(4)(○) 米　( ) いも　( ) とうもろこし
2 (○) お茶　( ) キムチ　( ) コーヒー
(○) 漢字　( ) 自動車　(○) ギョーザ

ポイント

1 (1)⑦を北朝鮮ということもあります。
(4)中国や韓国でさかんに食べられているのは，
日本と同じ米で，稲作がさかんです。
2 キムチは韓国の代表的な漬物です。

 87 日本とつながりの深い国々
フランス，ブラジルと日本 理解
▶▶▶ 本冊90ページ

覚えよう ①パリ　②小麦　③チーズ　④ドイツ
⑤観光　⑥ブラジリア　⑦先住民族　⑧日系
⑨鉄鉱石　⑩フェアトレード

ポイント

フランスは，ヨーロッパ最大の農業国で，小麦
などの農産物やチーズ，バターなどの加工品の
生産が多い国です。また，日本からの観光客が
多く，ルーブル美術館など世界的に有名な観光
名所があります。
ブラジルは，日本からの移住者やその子孫であ
る日系人が多く生活しています。鉄鉱石の産出
量が多く，世界最大級の鉱山があります。さと
うきびの生産もさかんで，そのさとうきびを原
料としたバイオエタノールが燃料として多く使
用されています。バイオエタノールは，環境に
やさしい燃料です。

 88 日本とつながりの深い国々
フランス，ブラジルと日本 練習
▶▶▶ 本冊91ページ

1 (1)地中海　(2)アルザス（地方）
(3)( ) 鉱業　(○) 農業
( ) 漁業　(○) 観光業
( ) コンピューター産業
2 (1)ブラジリア
(2)アマゾン（川）
(3)燃料…バイオエタノール　原料…さとうきび

ポイント

1 (1)フランスは北部が大西洋，南部が地中海
に面しています。
(2)アルザス地方の民族衣装は，少し前までは
普段でも見られましたが，今ではお祭りなどの
イベントのときに見られます。
2 (2)アマゾン川は世界最大の流域面積をもつ
川で，主に熱帯林の中を流れています。

 89 世界の未来と日本の役割
国際社会 理解
▶▶▶ 本冊92ページ

覚えよう ①SDGs　②国際連合〔国連〕
③ユネスコ　④ユニセフ　⑤(地球) 温暖化
⑥青年海外（協力隊）　⑦ODA　⑧NGO
⑨国旗　⑩国歌

ポイント

第二次世界大戦後に，世界の平和と安全を守る
ために設立された国際組織を国際連合〔国連〕
といいます。国際連合にはさまざまな機関があっ
て，世界平和のために活動しています。
世界的な環境問題として，二酸化炭素などの温
室効果ガスが原因となって地球の気温が上がり，
海水面の上昇などを引き起こす地球温暖化のほ
か，砂漠化や酸性雨の問題などがあります。
現在，世界中で，たくさんの日本人が活やくし
ています。青年海外協力隊は，日本の政府開発
援助〔ODA〕の活動の1つです。主に発展途上
の地域で活動しています。

90 世界の未来と日本の役割
国際社会

1 (1)(順に) 国際連合，ユニセフ，ユネスコ
(2)(順に) ODA，アフリカ

2 (1)(○) 地球温暖化　( ) 砂漠化
(2)( ) 釧路　(○) パリ　( ) 京都

ポイント

1 (1)国際連盟は，第一次世界大戦後に発足した国際組織です。
(2)発展途上の地域は，ヨーロッパとアフリカのどちらに多いかを考えます。
2 (1)砂漠化も深刻な環境問題の1つですが，温室効果ガスが原因となり，海水面の上昇を引き起こすおそれがあるのは，地球温暖化です。

91 日本とつながりの深い国々，世界の未来と日本の役割のまとめ

1 (1)⑦…フランス
④…中華人民共和国〔中国〕
⑦…大韓民国〔韓国〕
⑤…アメリカ合衆国〔アメリカ〕
(2)経済特区
(3)(○) ハングルという，独自の文字を使っている。
( ) バターやワインなどを多く輸出している。
(4)国際連合〔国連〕
(5)(○) コーヒー豆　( ) 大麦　( ) 米

ポイント

1 (1)いずれも，日本と関係の深い国々です。しっかり覚えておきましょう。⑦…首都はパリです。④…首都はペキンです。⑦…首都はソウルです。日本から最も近い外国です。⑤…首都はワシントンD.C.です。世界の中心都市の1つであるニューヨークがあります。

92 日本とつながりの深い国々，世界の未来と日本の役割のまとめ

ポイント

2のカギ…日系人→「い」を入れます。
3のカギ…ユネスコ→「こ」を入れます。
4のカギ…ワシントンD.C.→「ん」を入れます。
5のカギ…輸入→「う」を入れます。
6のカギ…酸性雨→「さ」を入れます。